8 Yh 22

Paris
1882

Goethe, Johann Wolfgnag von

Le Tasse

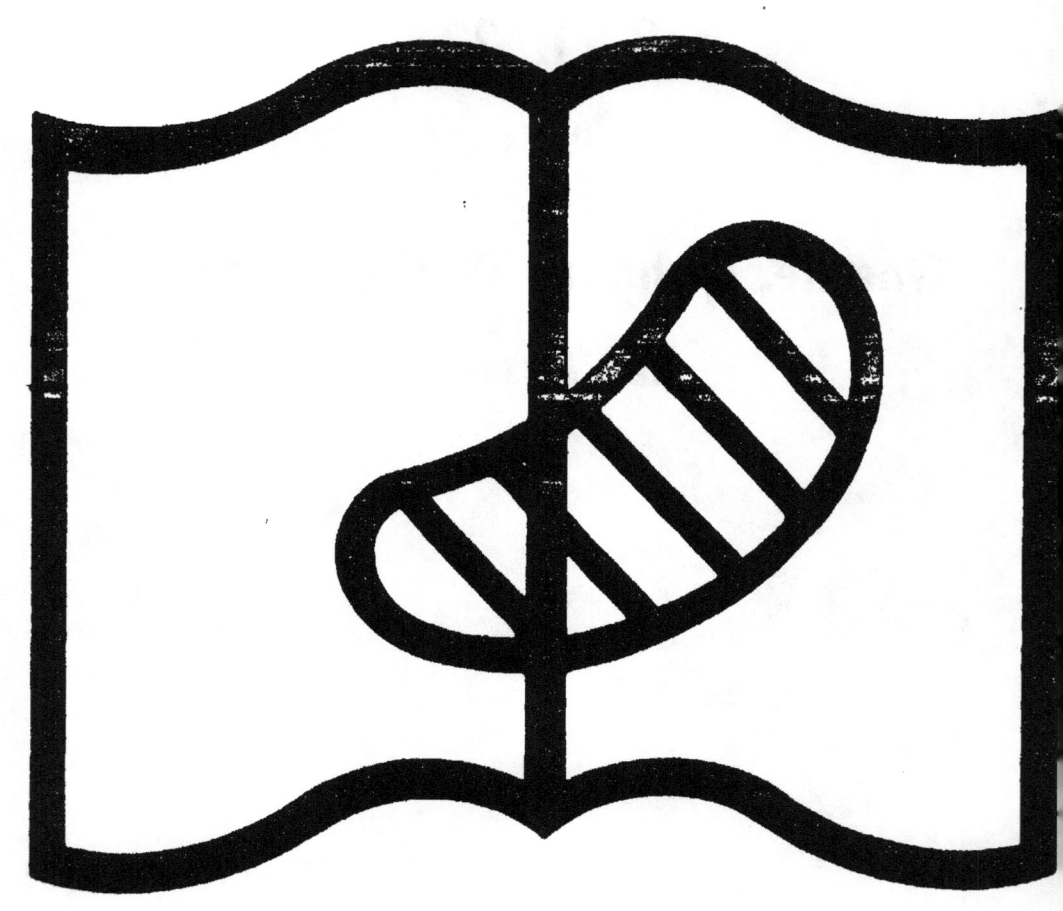

Symbole applicable
pour tout, ou partie
des documents microfilmés

Original illisible

NF Z 43-120-10

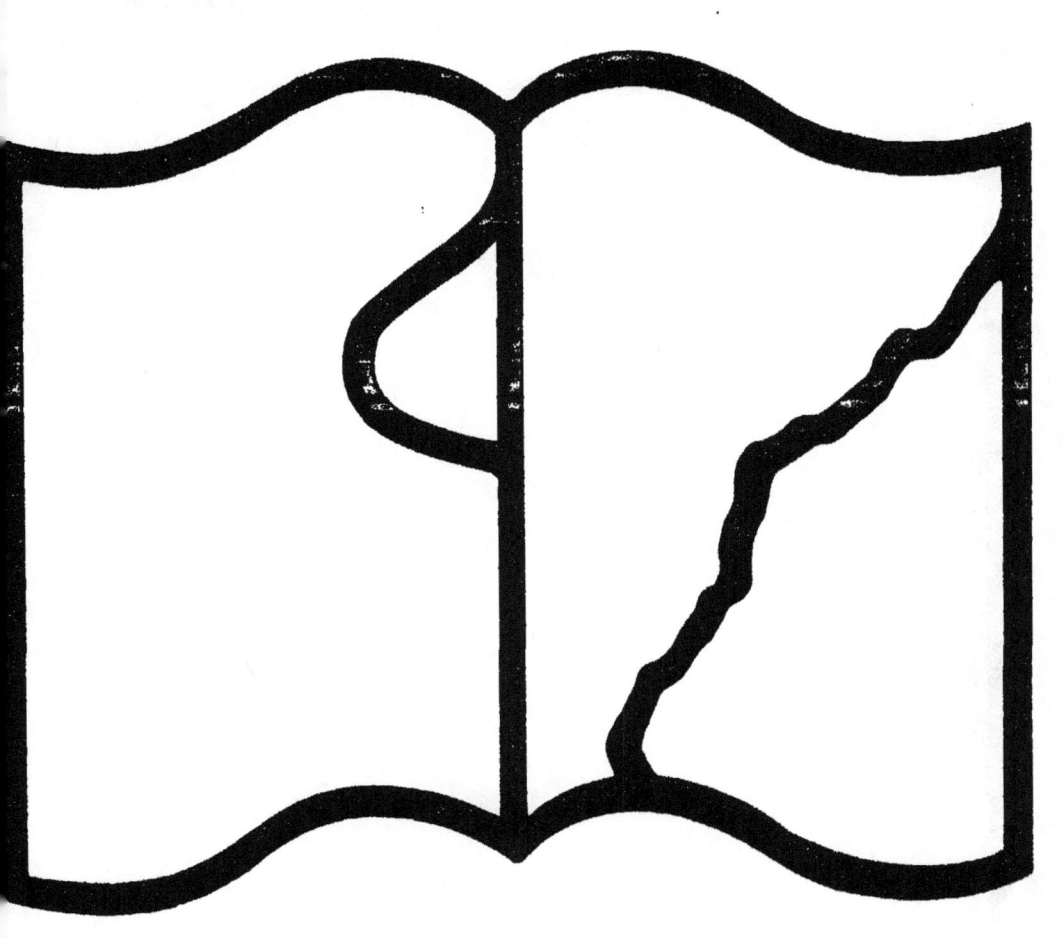

**Symbole applicable
pour tout, ou partie
des documents microfilmés**

Texte détérioré — reliure défectueuse

NF Z 43-120-11

STEMPFER REL.

GOETHE

LE TASSE

TRADUCTION FRANÇAISE

PAR JACQUES PORCHAT

AVEC LE TEXTE ALLEMAND EN REGARD

PARIS
LIBRAIRIE HACHETTE ET Cie
79, BOULEVARD SAINT-GERMAIN, 79

1882

LE TASSE

PARIS. — IMPRIMERIE ÉMILE MARTINET, RUE MIGNON, 2

GOETHE

LE TASSE

TRADUCTION FRANÇAISE

PAR JACQUES PORCHAT

AVEC LE TEXTE ALLEMAND EN REGARD

PARIS

LIBRAIRIE HACHETTE ET Cie

79, BOULEVARD SAINT-GERMAIN, 79

1882

ARGUMENT ANALYTIQUE
DU TASSE.

ACTE PREMIER.

Peinture de la cour de Ferrare ; elle accueille et honore les hommes de génie ; caractère du Tasse. — Alphonse II, duc de Ferrare ; son caractère, ses sentiments envers le Tasse. Le Tasse fait hommage à son souverain de la *Jérusalem délivrée*. Le duc reconnaissant prie la princesse, sa sœur, de poser sur la tête du poète la couronne de laurier qu'elle vient de tresser de ses propres mains. Profonde émotion du Tasse en recevant un tel honneur. — Antonio, ministre d'Alphonse II, rend compte à son prince de l'heureux résultat d'une mission remplie par lui auprès du Pape. Il est blessé de voir les rêveries du poète mieux récompensées que les services rendus à l'État par un ministre dévoué.

ACTE II.

La princesse exhorte le Tasse à vivre en paix avec Antonio, le sage conseiller du prince ; elle avoue en même temps qu'elle attache un prix inestimable à la présence d'un poète illustre à la cour de son frère. Monologue du Tasse. Les louanges de la princesse ravissent son âme si ouverte aux sentiments violents. — Le Tasse offre son amitié à Antonio. — Celui-ci, dans sa froide sagesse, hésite à accepter un présent offert avec une ardeur inconsidérée. — Sa froideur irrite le Tasse, qui provoque son rival en duel. — Le duc punit d'une peine légère la violation de l'asile royal. Le poète regarde cette peine comme une profonde disgrâce. Il se croit sacrifié à l'inimitié du perfide Antonio. — Alphonse charge Antonio de rendre la liberté au Tasse, et d'effacer, sans retard, toutes les traces de ce pénible incident.

ACTE III.

Agitation et inquiétude de la princesse. — Léonore, voulant attirer le Tasse à sa cour, cherche à démontrer à la princesse que le départ du poète du moins pour un peu de temps, importe au bonheur de tout le monde. La princesse se laisse persuader, si pénible que soit pour elle ce départ. — Monologue de Léonore. Ose-t-elle, sans remords, détacher le Tasse d'une cour où tant de liens semblent l'enchaîner? Son esprit inventif trouve des arguments spécieux pour légitimer ce qu'elle désire. — Entretien d'Antonio et de Léonore. — Envoyés tous les deux pour apaiser le Tasse, ils se gardent d'avouer leur mission et cherchent à parvenir à leur but en luttant d'habileté. — Léonore seule se flatte d'avoir triomphé de l'habileté d'Antonio.

ACTE IV.

Tasse captif. Il croit rêver, tant cette captivité lui semble imméritée. Il se sent tout à fait innocent, et son âme, néanmoins, est en proie aux plus sombres appréhensions. — Léonore engage le Tasse à quitter Ferrare. Le poète frémit à cette idée; il s'abandonne de plus en plus aux soupçons contre son entourage, qu'il peuple de perfides espions. — Le Tasse s'évertue à trouver des arguments pour justifier ses injustes soupçons. Pour lui Léonore est un instrument au service de la conjuration d'Antonio. Il partira; mais son départ, désiré par ses ennemis, déjoue les projets de ses persécuteurs. — Antonio, vaincu par les prières du Tasse, consent, malgré lui, à demander au duc de laisser le poète s'éloigner de Ferrare. — Le Tasse s'applaudit d'avoir pu cacher ses véritables desseins à Antonio dont il croit avoir découvert toute la noirceur. Si le duc et la princesse m'ont eux-mêmes retiré leurs bonnes grâces, pense-t-il, il faut en accuser ma mauvaise destinée.

ACTE V.

Antonio rapporte au duc le résultat défavorable de sa mission. Celui-ci consent, quoique à regret, à laisser partir le Tasse. —

Antonio, pour se disculper, énumère les causes qui ont pu troubler l'imagination du Tasse. — Avec un calme simulé, le Tasse exprime, une dernière fois, sa reconnaissance envers le duc. Le poète, égaré par sa farouche mélancolie, reste insensible aux sages avis, aux témoignages d'amitié de son prince. — Le duc s'éloigne et le Tasse se félicite, encore une fois, de ses progrès dans l'art de dissimuler ; la bonté de son prince lui semble un nouveau piège dressé par l'implacable Antonio. — Adieux de la princesse au Tasso. Les doux reproches de cette âme si simple et si dévouée calment enfin l'irritation du poète. — Le voile qui couvrait ses yeux tombe, et maintenant il est prêt à tout supporter, pourvu qu'il puisse rester au service de la cour de Ferrare. Mais son cœur, bouleversé par tant d'émotions contraires, l'entraîne à commettre un acte qui rendra sa présence impossible. — Antonio prouve au Tasse l'injuste vanité de ses soupçons. Mais le Tasse, au paroxysme de l'exaltation, se répand encore une fois en injures grossières contre tous ceux qui l'entourent. — Les sages exhortations d'Antonio dissipent le nuage qui obscurcit l'esprit du poète, et celui-ci reconnaît enfin que le cruel ennemi, forgé par son imagination, était en réalité un ami sincère et dévoué.

Personen.

Alphons der Zweite, Herzog von Ferrara.
Leonore von Este, Schwester des Herzogs.
Leonore Sanvitale, Gräfin von Scandiano.
Torquato Tasso.
Antonio Montecatino, Staatssekretär.

Der Schauplatz ist auf Belriguardo, einem Lustschlosse.

PERSONNAGES.

ALPHONSE LE SECOND (II), duc de Ferrare.
ÉLÉONORE D'ESTE, sœur du duc.
ÉLÉONORE SANVITALE, comtesse de Scandiano.
TORQUATO TASSO.
ANTONIO MONTECATINO, secrétaire d'État.

La scène est à Belriguardo, un château de plaisance.

Erster Aufzug.

Erster Auftritt.

Gartenplatz, mit Hermen der epischen Dichter geziert. Vorn an der Scene zur Rechten Virgil, zur Linken Ariost.

Prinzessin. Leonore.

Prinzessin.
Du siehst mich lächelnd an Eleonore,
Du siehst dich selber an und lächelst wieder.
Was hast du? Laß es eine Freundin wissen:
Du scheinst bedenklich, doch du scheinst vergnügt.
Leonore.
Ja, meine Fürstin, mit Vergnügen seh' ich
Uns beide hier so ländlich ausgeschmückt.
Wir scheinen recht beglückte Schäferinnen,
Und sind auch wie die Glücklichen beschäftigt.
Wir winden Kränze. Dieser, bunt von Blumen,
Schwillt immer mehr und mehr in meiner Hand;
Du hast mit höherm Sinn und größerm Herzen
Den zarten schlanken Lorbeer dir gewählt.
Prinzessin.
Die Zweige, die ich in Gedanken flocht,
Sie haben gleich ein würdig Haupt gefunden,
Ich setze sie Virgilen dankbar auf.
(Sie kränzt die Herme Virgils.)
Leonore.
So drück' ich meinen vollen frohen Kranz
Dem Meister Ludwig auf die hohe Stirne —
(Sie kränzt Ariostens Herme.)
Er, dessen Scherze nie verblühen, habe
Gleich von dem neuen Frühling seinen Theil.

ACTE PREMIER.

SCÈNE I.

Un jardin, orné des bustes des poètes épiques. Sur le devant de la scène, à droite, Virgile, à gauche, l'Arioste.

LA PRINCESSE, ÉLÉONORE.

LA PRINCESSE. Tu me regardes en souriant, Éléonore, et tu te regardes toi-même et tu souris encore. Qu'as-tu donc ? Apprends-le à ton amie ! Tu parais pensive, et pourtant tu parais satisfaite.

ÉLÉONORE. Oui, princesse, je me plais à nous voir toutes deux ici sous cette parure champêtre. Nous semblons de bienheureuses bergères, et nous avons les mêmes occupations que ces fortunées jeunes filles : nous tressons des couronnes. Celle-ci, émaillée de fleurs, grossit de plus en plus dans ma main; mais toi, avec un sentiment plus élevé et un plus grand cœur, tu as choisi l'élégant et flexible laurier.

LA PRINCESSE. Ces rameaux, que j'ai entrelacés en rêvant, ont trouvé d'abord une digne tête : je les place, avec reconnaissance, sur celle de Virgile. (*La princesse couronne le buste de Virgile.*)

ÉLÉONORE. Et moi, je presse de ma riche et riante couronne le vaste front de maître Ludovico. (*Elle couronne le buste de l'Arioste.* Lui, dont les grâces badines ne se flétriront jamais, qu'il reçoive de suite sa part du nouveau printemps.

Prinzessin.
Mein Bruder ist gefällig, daß er uns
In diesen Tagen schon auf's Land gebracht;
Wir können unser sein und stundenlang
Uns in die goldne Zeit der Dichter träumen.
Ich liebe Belriguardo, denn ich habe
Hier manchen Tag der Jugend froh durchlebt,
Und dieses neue Grün und diese Sonne
Bringt das Gefühl mir jener Zeit zurück.
Leonore.
Ja, es umgiebt uns eine neue Welt!
Der Schatten dieser immer grünen Bäume
Wird schon erfreulich. Schon erquickt uns wieder
Das Rauschen dieser Brunnen, schwankend wiegen
Im Morgenwinde sich die jungen Zweige.
Die Blumen von den Beeten schauen uns
Mit ihren Kinderaugen freundlich an.
Der Gärtner deckt getrost das Winterhaus
Schon der Citronen und Orangen ab,
Der blaue Himmel ruhet über uns,
Und an dem Horizonte löst der Schnee
Der fernen Berge sich in leisen Duft.
Prinzessin.
Es wäre mir der Frühling sehr willkommen,
Wenn er nicht meine Freundin mir entführte.
Leonore.
Erinnre mich in diesen holden Stunden,
O Fürstin, nicht, wie bald ich scheiden soll.
Prinzessin.
Was du verlassen magst, das findest du
In jener großen Stadt gedoppelt wieder.
Leonore.
Es ruft die Pflicht, es ruft die Liebe mich
Zu dem Gemahl, der mich so lang' entbehrt.
Ich bring' ihm seinen Sohn, der dieses Jahr
So schnell gewachsen, schnell sich ausgebildet,
Und theile seine väterliche Freude.
Groß ist Florenz und herrlich, doch der Werth
Von allen seinen aufgehäuften Schätzen

LA PRINCESSE. Mon frère est charmant de nous avoir amenées dès à présent à la campagne. Nous pouvons être à nous-mêmes, et passer des heures à vivre en songe dans l'âge d'or des poètes. J'aime ce Belriguardo, où j'ai passé dans la joie plus d'un jour de ma jeunesse; et cette verdure nouvelle et ce soleil me rendent les impressions d'un temps qui n'est plus.

ÉLÉONORE. Oui, un nouveau monde nous environne. L'ombre de ces arbres toujours verts déjà devient agréable; déjà nous récrée de nouveau le murmure de ces fontaines; les jeunes rameaux se balancent, bercés par le vent matinal; les fleurs des parterres nous sourient de leurs yeux enfantins; le jardinier ouvre avec confiance la maison d'hiver des citronniers et des orangers; le ciel bleu est calme sur nos têtes; et à l'horizon la neige des montagnes lointaines se résout en légères vapeurs.

LA PRINCESSE. Je verrais avec une vive joie l'arrivée du printemps, s'il ne m'enlevait pas mon amie.

ÉLÉONORE. Ne me fais pas souvenir dans ces belles heures, ô princesse, qu'elle est si proche, celle où je dois te quitter.

LA PRINCESSE. Ce que tu auras laissé, tu le retrouveras au double dans cette grande ville.

ÉLÉONORE. Le devoir m'appelle, l'amour m'appelle auprès de l'époux qui est privé de moi depuis si longtemps. Je lui ramène son fils, que cette année a vu grandir et se former rapidement, et je partagerai sa joie paternelle. Florence est grande et magnifique, mais le prix de tous ses trésors entassés n'égale pas les

Reicht an Ferrara's Edelsteine nicht.
Das Volk hat jene Stadt zur Stadt gemacht,
Ferrara ward durch seine Fürsten groß.
Prinzessin.
Mehr durch die guten Menschen, die sich hier
Durch Zufall trafen und zum Glück verbanden.
Leonore.
Sehr leicht zerstreut der Zufall, was er sammelt.
Ein edler Mensch zieht edle Menschen an
Und weiß sie festzuhalten, wie ihr thut.
Um deinen Bruder und um dich verbinden
Gemüther sich, die eurer würdig sind,
Und ihr seid eurer großen Väter werth.
Hier zündete sich froh das schöne Licht
Der Wissenschaft, des freien Denkens an,
Als noch die Barbarei mit schwerer Dämmrung
Die Welt umher verbarg. Mir klang als Kind
Der Name Hercules von Este schon,
Schon Hippolyt von Este voll ins Ohr.
Ferrara ward mit Rom und mit Florenz
Von meinem Vater viel gepriesen! Oft
Hab' ich mich hingesehnt; nun bin ich da.
Hier ward Petrarch bewirthet, hier gepflegt,
Und Ariost fand seine Muster hier.
Italien nennt keinen großen Namen,
Den dieses Haus nicht seinen Gast genannt.
Und es ist vortheilhaft, den Genius
Bewirthen: giebst du ihm ein Gastgeschenk,
So läßt er dir ein schöneres zurück.
Die Stätte, die ein guter Mensch betrat,
Ist eingeweiht; nach hundert Jahren klingt
Sein Wort und seine That dem Enkel wieder.
Prinzessin.
Dem Enkel, wenn er lebhaft fühlt wie du.
Gar oft beneid' ich dich um dieses Glück.
Leonore.
Das du, wie wenig andre, still und rein
Genießest. Drängt mich doch das volle Herz,
Sogleich zu sagen, was ich lebhaft fühle;

joyaux de Ferrare. C'est le peuple qui a fait de Florence une illustre cité : Ferrare est devenue grande par ses princes.

LA PRINCESSE. Plus encore par les hommes excellents qui s'y sont rencontrés par hasard et heureusement réunis.

ÉLÉONORE. Le hasard disperse aisément ce qu'il rassemble. Un noble esprit attire de nobles esprits, et sait les fixer, comme vous faites. Autour de ton frère et de toi se réunissent des cœurs qui sont dignes de vous, et vous égalez vos illustres ancêtres. Ici s'alluma heureusement la belle lumière de la science et du libre penser, quand la barbarie enveloppait encore le monde de son ombre pesante. Dès mon enfance, le nom d'Hercule d'Este, le nom d'Hippolyte d'Este, retentirent à mon oreille. Ferrare était, avec Rome et avec Florence, beaucoup vantée par mon père. Je souhaitai souvent de la voir, et j'y suis maintenant. Ici Pétrarque fut accueilli, fut entouré de soins, et l'Arioste y trouva ses modèles. L'Italie ne cite pas un grand nom que cette maison n'ait appelé son hôte; et il est avantageux d'accueillir chez soi le génie; pour un don que lui fait son hôte, il lui en laisse un plus beau. Le séjour que visita un grand homme est consacré. Après des siècles, ses paroles et ses actions retentissent chez les descendants.

LA PRINCESSE. Les descendants !... S'ils sentent vivement comme toi ! Bien souvent je t'envie ce bonheur....

ÉLÉONORE. Dont tu jouis, comme peu de gens, sans bruit et sans mélange. Si mon cœur, qui déborde, me presse d'exprimer soudain ce que je sens vivement, tu le sens mieux, tu le sens

Du fühlst es besser, fühlst es tief und — schweigst.
Dich blendet nicht der Schein des Augenblicks,
Der Witz besticht dich nicht, die Schmeichelei
Schmiegt sich vergebens künstlich an dein Ohr:
Fest bleibt dein Sinn und richtig dein Geschmack,
Dein Urtheil grad, stets ist dein Antheil groß
Am Großen, das du wie dich selbst erkennst.

Prinzessin.

Du solltest dieser höchsten Schmeichelei
Nicht das Gewand vertrauter Freundschaft leihen.

Leonore.

Die Freundschaft ist gerecht, sie kann allein
Den ganzen Umfang deines Werths erkennen.
Und laß mich der Gelegenheit, dem Glück
Auch seinen Theil an deiner Bildung geben,
Du hast sie doch und bist's am Ende doch,
Und dich mit deiner Schwester ehrt die Welt
Vor allen großen Frauen eurer Zeit.

Prinzessin.

Mich kann das, Leonore, wenig rühren,
Wenn ich bedenke, wie man wenig ist,
Und was man ist, das blieb man andern schuldig.
Die Kenntniß alter Sprachen, und des Besten,
Was uns die Vorwelt ließ, dank' ich der Mutter;
Doch war an Wissenschaft, an rechtem Sinn,
Ihr keine beider Töchter jemals gleich;
Und soll sich eine ja mit ihr vergleichen,
So hat Lucretia gewiß das Recht.
Auch, kann ich dir versichern, hab' ich nie
Als Rang und als Besitz betrachtet, was
Mir die Natur, was mir das Glück verlieh.
Ich freue mich, wenn kluge Männer sprechen,
Daß ich verstehen kann, wie sie es meinen.
Es sei ein Urtheil über einen Mann
Der alten Zeit und seiner Thaten Werth;
Es sei von einer Wissenschaft die Rede,
Die, durch Erfahrung weiter ausgebreitet,
Dem Menschen nützt, indem sie ihn erhebt;
Wohin sich das Gespräch der Edlen lenkt,

profondément, et.... en silence! L'éclat du moment ne t'éblouit point; les saillies ne te séduisent pas; vainement la flatterie se glisse avec adresse vers ton oreille; ton sentiment garde sa fermeté et ton goût sa justesse, ton jugement sa rectitude; toujours ta sympathie est grande pour ce qui est grand, où tu te retrouves toi-même.

LA PRINCESSE. Tu ne devais pas prêter à cette extrême flatterie le voile de l'intime amitié.

ÉLÉONORE. L'amitié est juste; elle seule peut apprécier toute l'étendue de ton mérite. Et, s'il te plaît que j'attribue aussi aux circonstances, à la fortune, une part dans ta culture, cependant tu la possèdes; enfin, voilà ce que tu es; et le monde t'honore, avec ta sœur, au-dessus de toutes les femmes illustres de votre temps.

LA PRINCESSE. Cela ne peut guère me toucher, Éléonore, quand je réfléchis combien l'on est peu de chose; et, ce qu'on est, on s'en trouve redevable à d'autres. La connaissance des langues anciennes et des plus beaux ouvrages que nous a laissés l'antiquité, c'est à ma mère que je la dois; cependant aucune de ses deux filles ne lui fut jamais égale en science, en jugement; et, si même l'une de nous lui doit être comparée, c'est Lucrèce assurément qui en a le droit. Aussi puis-je te l'assurer, je n'ai jamais regardé comme un titre et comme une propriété, ce que la nature, ce que la fortune m'ont dispensé. Je me félicite, quand les sages parlent, de pouvoir comprendre leurs opinions. Que ce soit un jugement sur un homme de l'antiquité et sur le mérite de ses actions; que l'on s'entretienne d'une science, qui, développée par l'usage, est utile aux hommes, en les élevant.... quelque direction que prenne l'entretien de ces nobles esprits, je le

Ich folge gern, denn mir wird leicht zu folgen.
Ich höre gern dem Streit der Klugen zu,
Wenn um die Kräfte, die des Menschen Brust
So freundlich und so fürchterlich bewegen,
Mit Grazie die Rednerlippe spielt;
Gern, wenn die fürstliche Begier des Ruhms,
Des ausgebreiteten Besitzes Stoff
Dem Denker wird, und wenn die feine Klugheit,
Von einem klugen Manne zart entwickelt,
Statt uns zu hintergehen, uns belehrt.
Leonore.
Und dann, nach dieser ernstern Unterhaltung,
Ruht unser Ohr und unser innrer Sinn
Gar freundlich auf des Dichters Reimen aus,
Der uns die letzten lieblichsten Gefühle
Mit holden Tönen in die Seele flößt.
Dein hoher Geist umfaßt ein weites Reich,
Ich halte mich am liebsten auf der Insel
Der Poesie in Lorbeerhainen auf.
Prinzessin.
In diesem schönen Lande, hat man mir
Versichern wollen, wächst vor andern Bäumen
Die Myrte gern. Und wenn der Musen gleich
Gar viele sind, so sucht man unter ihnen
Sich seltner eine Freundin und Gespielin,
Als man dem Dichter gern begegnen mag.
Der uns zu meiden, ja zu fliehen scheint,
Etwas zu suchen scheint, das wir nicht kennen
Und er vielleicht am Ende selbst nicht kennt.
Da wär' es denn ganz artig, wenn er uns
Zur guten Stunde träfe, schnell entzückt
Uns für den Schatz erkennte, den er lang'
Vergebens in der weiten Welt gesucht.
Leonore.
Ich muß mir deinen Scherz gefallen lassen,
Er trifft mich zwar, doch trifft er mich nicht tief.
Ich ehre jeden Mann und sein Verdienst,
Und ich bin gegen Tasso nur gerecht.
Sein Auge weilt auf dieser Erde kaum;

suis volontiers, parce qu'il m'est facile de le suivre. J'écoute avec plaisir les débats des sages, quand la voix de l'orateur joue agréablement avec les forces, si douces et si terribles, qui agitent le cœur de l'homme; quand la passion des princes pour la gloire et les conquêtes devient la matière du penseur, et quand la fine politique, ingénieusement développée par un homme habile, au lieu de nous tromper, nous instruit.

ÉLÉONORE. Et puis, après ces sérieux entretiens, notre oreille et notre cœur se reposent doucement aux chants du poëte, qui, par ses suaves accents, fait passer dans les âmes les plus intimes et les plus aimables sentiments. Ton esprit élevé embrasse un vaste domaine : je m'arrête plus volontiers dans l'île de la poésie sous les bosquets de lauriers.

LA PRINCESSE. Dans ce beau pays (on a voulu me l'assurer), plus que les autres plantes, le myrte aime à fleurir. Et, bien que les muses soient nombreuses, on cherche plus rarement à choisir entre elles une amie, une compagne, qu'à rencontrer le poëte, qui semble nous éviter et même nous fuir; qui semble chercher quelque chose que nous ne connaissons pas, et qu'enfin peut-être il ne connaît pas lui-même. Aussi serait-ce une chose toute charmante, s'il nous rencontrait à l'heure favorable; si, tout à coup ravi, il nous reconnaissait pour le trésor qu'il avait cherché longtemps en vain dans le vaste univers!

ÉLÉONORE. Je dois me prêter à la plaisanterie; le trait a porté il est vrai, mais l'atteinte n'est pas profonde. J'honore en tout homme le mérite, et je ne suis que juste envers le Tasse. Son œil s'arrête à peine sur cette terre; son oreille saisit l'harmonie

Sein Ohr vernimmt den Einklang der Natur;
Was die Geschichte reicht, das Leben giebt,
Sein Busen nimmt es gleich und willig auf:
Das weit Zerstreute sammelt sein Gemüth,
Und sein Gefühl belebt das Unbelebte.
Oft adelt er, was uns gemein erschien,
Und das Geschätzte wird vor ihm zu nichts.
In diesem eignen Zauberkreise wandelt
Der wunderbare Mann und zieht uns an,
Mit ihm zu wandeln, Theil an ihm zu nehmen:
Er scheint sich uns zu nahn, und bleibt uns fern;
Er scheint uns anzusehn, und Geister mögen
An unsrer Stelle seltsam ihm erscheinen.

Prinzessin.

Du hast den Dichter fein und zart geschildert,
Der in den Reichen süßer Träume schwebt.
Allein mir scheint auch ihn das Wirkliche
Gewaltsam anzuziehn und fest zu halten.
Die schönen Lieder, die an unsern Bäumen
Wir hin und wieder angeheftet finden,
Die, goldnen Aepfeln gleich, ein neu Hesperien
Uns duftend bilden, erkennst du sie nicht alle
Für holde Früchte einer wahren Liebe?

Leonore.

Ich freue mich der schönen Blätter auch.
Mit mannigfalt'gem Geist verherrlicht er
Ein einzig Bild in allen seinen Reimen.
Bald hebt er es in lichter Glorie
Zum Sternenhimmel auf, beugt sich verehrend
Wie Engel über Wolken vor dem Bilde;
Dann schleicht er ihm durch stille Fluren nach,
Und jede Blume windet er zum Kranz.
Entfernt sich die Verehrte, heiligt er
Den Pfad, den leis' ihr schöner Fuß betrat.
Versteckt im Busche, gleich der Nachtigall,
Füllt er aus einem liebekranken Busen
Mit seiner Klagen Wohllaut Hain und Luft:
Sein reizend Leid, die sel'ge Schwermuth lockt
Ein jedes Ohr, und jedes Herz muß nach —

de la nature; ce que fournit l'histoire, ce que présente la vie, son cœur le recueille aussitôt avec empressement; son génie rassemble ce qui est au loin dispersé, et son sentiment anime les choses inanimées. Souvent il ennoblit ce qui nous paraissait vulgaire, et ce qu'on estime s'anéantit devant lui. Cet homme prodigieux s'avance dans ce cercle magique, qui lui est propre, et nous engage à marcher avec lui, à sympathiser avec lui : il semble s'approcher de nous, et il en demeure éloigné; il semble nous regarder, et peut-être, à notre place, lui apparaissent de merveilleux génies.

LA PRINCESSE. Tu as tracé une fine et délicate peinture du poète, qui plane dans les régions des aimables songes. Mais la réalité me semble aussi l'attirer et le retenir puissamment. Les beaux vers que nous trouvons parfois attachés à nos arbres, et qui, semblables aux pommes d'or, nous représentent, avec ses parfums, un nouveau jardin des Hespérides, ne les reconnais-tu pas tous pour les fruits gracieux d'un véritable amour?

ÉLÉONORE. Je prends aussi plaisir à ces belles poésies. Avec un esprit varié, il célèbre un objet unique dans tous ses chants. Tantôt il l'élève, dans une brillante auréole, jusqu'au ciel étoilé, et, comme les anges, il se courbe, avec respect, sur les nues devant cette image; tantôt il se glisse sur sa trace à travers les tranquilles campagnes, et, de toutes fleurs, il tresse une couronne. L'image adorée s'éloigne-t-elel, il consacre le sentier que ses jolis pieds ont parcouru d'une marche légère. Caché dans le buisson, comme le rossignol, le cœur malade d'amour, il fait résonner de ses plaintes mélodieuses les airs et le bocage. Sa douleur charmante, sa délicieuse mélancolie captivent toutes les oreilles, et tous les cœurs sont entraînés.

Prinzessin.
Und wenn er seinen Gegenstand benennt,
So giebt er ihm den Namen Leonore.
Leonore.
Es ist dein Name, wie es meiner ist.
Ich nähm' es übel, wenn's ein andrer wäre!
Mich freut es, daß er sein Gefühl für dich
In diesem Doppelsinn verbergen kann.
Ich bin zufrieden, daß er meiner auch
Bei dieses Namens holdem Klang gedenkt.
Hier ist die Frage nicht von einer Liebe,
Die sich des Gegenstands bemeistern will,
Ausschließend ihn besitzen, eifersüchtig
Den Anblick jedem anderen wehren möchte.
Wenn er in seliger Betrachtung sich
Mit deinem Werth beschäftigt, mag er auch
An meinem leichtern Wesen sich erfreun.
Uns liebt er nicht, — verzeih, daß ich es sage! —
Aus allen Sphären trägt er, was er liebt,
Auf einen Namen nieder, den wir führen,
Und sein Gefühl theilt er uns mit; wir scheinen
Den Mann zu lieben, und wir lieben nur
Mit ihm das Höchste, was wir lieben können.
Prinzessin.
Du hast dich sehr in diese Wissenschaft
Vertieft, Eleonore, sagst mir Dinge,
Die mir beinahe nur das Ohr berühren
Und in die Seele kaum noch übergehn.
Leonore.
Du? Schülerin des Plato! nicht begreifen,
Was dir ein Neuling vorzuschwatzen wagt?
Es müßte sein, daß ich zu sehr mich irrte;
Doch irr' ich auch nicht ganz, ich weiß es wohl.
Die Liebe zeigt in dieser holden Schule
Sich nicht, wie sonst, als ein verwöhntes Kind:
Es ist der Jüngling, der mit Psychen sich
Vermählte, der im Rath der Götter Sitz
Und Stimme hat. Er tobt nicht frevelhaft
Von einer Brust zur andern hin und her;

LA PRINCESSE. Et, s'il nomme l'objet de sa flamme, il lui donne le nom d'Éléonore.

ÉLÉONORE. C'est ton nom comme le mien. Je serais choquée, s'il en célébrait un autre. Je suis charmée que, sous cette équivoque, il puisse cacher ses sentiments pour toi. Je suis contente, qu'au doux bruit de ce nom il se souvienne aussi de moi. Ce n'est point ici un amour qui veuille s'emparer de son objet, le posséder exclusivement, en interdire, avec jalousie, la vue à tout autre; lorsque, dans une contemplation ravissante, il s'occupe de ton mérite, il peut bien aussi se plaire à moi, créature légère. Ce n'est pas nous qu'il aime, pardonne-moi de le dire! De toutes les sphères, il reporte tout ce qu'il aime sur un seul nom, qui est le nôtre, et il nous communique son sentiment; nous semblons aimer l'homme, et, avec lui, nous aimons uniquement l'objet le plus sublime que nous puissions aimer.

LA PRINCESSE. Tu as bien approfondi cette science, Éléonore; tu me dis des choses qui ne font guère qu'effleurer mon oreille, et qui ont peine à pénétrer jusqu'à mon âme.

ÉLÉONORE. Toi, disciple de Platon, ne pas comprendre ce qu'une novice se hasarde à bégayer devant toi? Quand il serait vrai que je me suis trop abusée, cependant je ne m'abuse pas tout à fait, je le sais bien. L'amour, dans cette noble école, ne se montre pas, comme ailleurs, sous les traits d'un enfant gâté; c'est l'adolescent, qui fut l'époux de Psyché, qui a siège et voix dans le conseil des dieux. Il ne porte pas çà et là ses coupables fureurs d'un cœur dans un autre; il ne s'attache pas soudain,

Er heftet sich an Schönheit und Gestalt
Nicht gleich mit süßem Irrthum fest und büßet
Nicht schnellen Rausch mit Ekel und Verdruß.
Prinzessin.
Da kommt mein Bruder; laß uns nicht verrathen,
Wohin sich wieder das Gespräch gelenkt;
Wir würden seinen Scherz zu tragen haben,
Wie unsre Kleidung seinen Spott erfuhr.

Zweiter Auftritt.

Die Vorigen. Alphons.

Alphons.
Ich suche Tasso, den ich nirgends finde,
Und treff' ihn — hier sogar bei euch nicht an.
Könnt ihr von ihm mir keine Nachricht geben?
Prinzessin.
Ich sah ihn gestern wenig, heute nicht.
Alphons.
Es ist ein alter Fehler, daß er mehr
Die Einsamkeit als die Gesellschaft sucht.
Verzeih' ich ihm, wenn er den bunten Schwarm
Der Menschen flieht und lieber frei im Stillen
Mit seinem Geist sich unterhalten mag,
So kann ich doch nicht loben, daß er selbst
Den Kreis vermeidet, den die Freunde schließen.
Leonore.
Irr' ich mich nicht, so wirst du bald, o Fürst,
Den Tadel in ein frohes Lob verwandeln.
Ich sah ihn heut von fern; er hielt ein Buch
Und eine Tafel, schrieb und ging und schrieb.
Ein flüchtig Wort, das er mir gestern sagte,
Schien mir sein Werk vollendet anzukünden.
Er sorgt nur kleine Züge zu verbessern,
Um deiner Huld, die ihm so viel gewährt,
Ein würdig Opfer endlich darzubringen.
Alphons.
Er soll willkommen sein, wenn er es bringt,

avec une douce erreur, à la beauté et à la figure, et n'expie point, par le dégoût et l'ennui, une rapide ivresse.

LA PRINCESSE. Voici mon frère. Ne lui laissons pas deviner le cours que, cette fois encore, la conversation avait pris ; nous aurions à souffrir ses plaisanteries, comme notre habillement a provoqué ses discours moqueurs.

SCÈNE II.

LA PRINCESSE, ALPHONSE, ÉLÉONORE.

ALPHONSE. Je cherche le Tasse, que je ne trouve nulle part, et ne rencontre pas même..... auprès de vous. Ne pouvez-vous me donner de ses nouvelles ?

LA PRINCESSE. Je l'ai peu vu hier et point aujourd'hui.

ALPHONSE. C'est chez lui un ancien défaut de rechercher la solitude plus que la société. Si je lui pardonne, lorsqu'il fuit la foule tumultueuse des hommes, et qu'il préfère s'entretenir librement en silence avec son génie, je ne puis l'approuver de fuir même un cercle d'amis.

ÉLÉONORE. O prince, si je ne me trompe, tu changeras bientôt le blâme en un joyeux éloge. Je l'ai vu aujourd'hui de loin ; il tenait un livre et des tablettes ; il écrivait, il marchait, il écrivait. Un mot qu'il me dit hier en passant semblait m'annoncer la fin de son ouvrage. Il ne songe plus qu'à polir quelques petits détails, pour offrir enfin un digne hommage à ta bienveillance, dont il a reçu tant de marques.

ALPHONSE. Il sera le bienvenu quand il me l'offrira, et je le

Und losgesprochen sein auf lange Zeit.
So sehr ich Theil an seiner Arbeit nehme,
So sehr in manchem Sinn das große Werk
Mich freut und freuen muß, so sehr vermehrt
Sich auch zuletzt die Ungeduld in mir.
Er kann nicht enden, kann nicht fertig werden,
Er ändert stets, rückt langsam weiter vor,
Steht wieder still, er hintergeht die Hoffnung;
Unwillig sieht man den Genuß entfernt
In späte Zeit, den man so nah geglaubt.

Prinzessin.

Ich lobe die Bescheidenheit, die Sorge,
Womit er Schritt vor Schritt zum Ziele geht.
Nur durch die Gunst der Musen schließen sich
So viele Reime fest in eins zusammen;
Und seine Seele hegt nur diesen Trieb,
Es soll sich sein Gedicht zum Ganzen runden.
Er will nicht Märchen über Märchen häufen,
Die reizend unterhalten und zuletzt
Wie lose Worte nur verklingend täuschen.
Laß ihn, mein Bruder! denn es ist die Zeit
Von einem guten Werke nicht das Maß;
Und wenn die Nachwelt mit genießen soll,
So muß des Künstlers Mitwelt sich vergessen.

Alphons.

Laß uns zusammen, liebe Schwester, wirken,
Wie wir zu beider Vortheil oft gethan!
Wenn ich zu eifrig bin, so lindre du:
Und bist du zu gelind, so will ich treiben.
Wir sehen dann auf einmal ihn vielleicht
Am Ziel, wo wir ihn lang' gewünscht zu sehn.
Dann soll das Vaterland, es soll die Welt
Erstaunen, welch ein Werk vollendet worden.
Ich nehme meinen Theil des Ruhms davon,
Und er wird in das Leben eingeführt.
Ein edler Mensch kann einem engen Kreise
Nicht seine Bildung danken. Vaterland
Und Welt muß auf ihn wirken. Ruhm und Tadel
Muß er ertragen lernen. Sich und andre

ACTE PREMIER, SCÈNE DEUXIÈME.

tiendrai quitte pour longtemps. Autant je m'intéresse à son travail, et autant ce grand ouvrage me charme et doit me charmer à plusieurs égards, autant s'augmente aussi à la fin mon impatience. Il ne peut finir, il ne peut achever; il change sans cesse, il avance lentement, il s'arrête encore.... il trompe l'espérance. On voit avec chagrin reculée bien loin la jouissance que l'on croyait prochaine.

LA PRINCESSE. J'approuve la réserve, la précaution avec laquelle il marche pas à pas vers le but. C'est par la seule faveur des Muses que tant de vers se peuvent enchaîner pour former un ensemble, et son âme ne nourrit pas d'autre désir; il faut que son poëme s'arrondisse en un tout régulier; il ne veut pas entasser contes sur contes, qui amusent par leurs agréments, et, en fin de compte nous abusent seulement par un bruit éphémère, comme de vaines paroles. Laisse-le, mon frère, car le temps n'est pas la mesure d'un bon ouvrage, et, pour que la postérité puisse en jouir à son tour, il faut que les contemporains de l'artiste s'oublient.

ALPHONSE. Agissons de concert, ma chère sœur, comme nous l'avons fait souvent pour l'avantage de tous deux. Si mon ardeur est trop vive, tu me calmeras, et si tu es trop calme, je te presserai. Alors peut-être le verrons-nous soudain arrivé au but où nous avons depuis longtemps souhaité de le voir. Alors la patrie, alors le monde s'étonnera de voir quelle œuvre s'est accomplie. Je prendrai ma part de cette gloire, et le poëte entrera dans la vie. Un noble esprit ne peut acquérir dans un cercle étroit son développement. Il faut que la patrie et le monde agissent sur lui; il faut qu'il apprenne à supporter la louange et le blâme. Il

Wird er gezwungen recht zu kennen. Ihn
Wiegt nicht die Einsamkeit mehr schmeichelnd ein,
Es will der Feind — es darf der Freund nicht schonen:
Dann übt der Jüngling streitend seine Kräfte,
Fühlt, was er ist, und fühlt sich bald ein Mann.
Leonore.
So wirst du, Herr, für ihn noch alles thun,
Wie du bisher für ihn schon viel gethan.
Es bildet ein Talent sich in der Stille,
Sich ein Charakter in dem Strom der Welt.
O daß er sein Gemüth wie seine Kunst
An deinen Lehren bilde! Daß er nicht
Die Menschen länger meide, daß sein Argwohn,
Sich nicht zuletzt in Furcht und Haß verwandle!
Alphons.
Die Menschen fürchtet nur, wer sie nicht kennt,
Und wer sie meidet, wird sie bald verkennen.
Das ist sein Fall, und so wird nach und nach
Ein frei Gemüth verworren und gefesselt.
So ist er oft um meine Gunst besorgt
Weit mehr, als es ihm ziemte; gegen viele
Hegt er ein Mißtraun, die, ich weiß es sicher,
Nicht seine Feinde sind. Begegnet ja,
Daß sich ein Brief verirrt, daß ein Bedienter
Aus seinem Dienst in einen andern geht,
Daß ein Papier aus seinen Händen kommt,
Gleich sieht er Absicht, sieht Verrätherei
Und Tücke, die sein Schicksal untergräbt.
Prinzessin.
Laß uns, geliebter Bruder, nicht vergessen,
Daß von sich selbst der Mensch nicht scheiden kann.
Und wenn ein Freund, der mit uns wandeln sollte,
Sich einen Fuß beschädigte, wir würden
Doch lieber langsam gehn und unsre Hand
Ihm gern und willig leihen?
Alphons.
Besser wär's,
Wenn wir ihn heilen könnten, lieber gleich
Auf treuen Rath des Arztes eine Cur

est forcé de bien connaître et lui-même et les autres. La solitude ne le berce plus de ses flatteries. L'ennemi ne veut pas.... l'ami ne doit pas le ménager. Ainsi le jeune homme exerce ses forces en luttant; il sent ce qu'il est, et sent bientôt qu'il est homme.

ÉLÉONORE. Ainsi, monseigneur, tu feras désormais tout pour lui, comme tu as déjà beaucoup fait jusqu'à présent. Un talent se forme dans le silence, un caractère dans le torrent du monde. Oh! puisse-t-il former son caractère, comme son art, à tes leçons, ne pas éviter plus longtemps les hommes, et puisse sa défiance ne pas se changer à la fin en crainte et en aversion!

ALPHONSE. Celui-là seul craint les hommes, qui ne les connaît pas, et celui qui les évite doit bientôt les méconnaître. Tel est le Tasse, et, de la sorte, un cœur libre peu à peu s'égare et s'enchaîne. C'est ainsi que souvent il s'inquiète de ma faveur bien plus qu'il ne devrait; il nourrit de la méfiance contre beaucoup de gens qui, je le sais fort bien, ne sont pas ses ennemis. S'il arrive qu'une lettre s'égare, qu'un valet passe de son service à celui d'un autre, qu'un papier sorte de ses mains, aussitôt il voit un dessein, il voit une trahison et une ruse qui travaillent sourdement à sa perte.

LA PRINCESSE. N'oublions pas, mon cher frère, que l'homme ne peut se séparer de lui-même. Si un ami, qui devait cheminer avec nous, se blesse le pied, nous préférons ralentir notre marche et lui prêter, de bon cœur, une main secourable.

ALPHONSE. Il vaudrait mieux pouvoir le guérir, essayer d'abord un traitement, sur l'avis fidèle du médecin, et puis prendre gaie-

Versuchten, dann mit dem Geheilten froh
Den neuen Weg des frischen Lebens gingen.
Doch hoff' ich, meine Lieben, daß ich nie
Die Schuld des rauhen Arztes auf mich lade.
Ich thue, was ich kann, um Sicherheit
Und Zutraun seinem Busen einzuprägen.
Ich geb' ihm oft in Gegenwart von vielen
Entschiedne Zeichen meiner Gunst. Beklagt
Er sich bei mir, so laß' ich's untersuchen;
Wie ich es that, als er sein Zimmer neulich
Erbrochen glaubte. Läßt sich nichts entdecken,
So zeig' ich ihm gelassen, wie ich's sehe;
Und da man alles üben muß, so üb' ich,
Weil er's verdient, an Tasso die Geduld:
Und ihr, ich weiß es, steht mir willig bei.
Ich hab' euch nun auf's Land gebracht und gehe
Heut Abend nach der Stadt zurück. Ihr werdet
Auf einen Augenblick Antonio sehen;
Er kommt von Rom und holt mich ab. Wir haben
Viel auszureden, abzuthun. Entschlüsse
Sind nun zu fassen, Briefe viel zu schreiben;
Das alles nöthigt mich zur Stadt zurück.

Prinzessin.
Erlaubst du uns, daß wir dich hin begleiten?

Alphons.
Bleibt nur in Belriguardo, geht zusammen
Hinüber nach Consandoli! Genießt
Der schönen Tage ganz nach freier Lust.

Prinzessin.
Du kannst nicht bei uns bleiben? Die Geschäfte
Nicht hier so gut als in der Stadt verrichten?

Leonore.
Du führst uns gleich Antonio hinweg,
Der uns von Rom so viel erzählen sollte?

Alphons.
Es geht nicht an, ihr Kinder; doch ich komme
Mit ihm, so bald als möglich ist, zurück:
Dann soll er euch erzählen, und ihr sollt
Mir ihn belohnen helfen, der so viel

ment, avec le malade guéri, le nouveau chemin d'une florissante vie. Toutefois j'espère, mes amies, ne mériter jamais le reproche d'être un médecin rigoureux. Je fais ce que je puis pour imprimer dans son cœur la sécurité et la confiance. Je lui donne souvent, en présence de nombreux témoins, des marques décisives de ma faveur. S'il m'adresse quelque plainte, je la fais examiner, comme je fis dernièrement, lorsqu'il supposa qu'on avait forcé sa chambre. Si l'on ne découvre rien, je lui expose avec calme comment je vois l'affaire, et, comme il faut s'exercer à tout, je m'exerce à la patience avec le Tasse, parce qu'il le mérite, et vous, je le sais, vous me seconderez volontiers. Je vous ai amenées à la campagne et je retournerai ce soir à la ville. Vous verrez un moment Antonio : il arrive de Rome, et viendra me chercher. Nous avons beaucoup de choses à dire, à terminer ; des résolutions à prendre, beaucoup de lettres à écrire : tout cela me force de rentrer à la ville.

LA PRINCESSE. Nous permets-tu de t'accompagner?

ALPHONSE. Restez à Belriguardo, passez ensemble à Consandoli ; jouissez des beaux jours au gré de votre désir.

LA PRINCESSE. Tu ne peux rester avec nous? Tu ne peux régler ici les affaires aussi bien qu'à la ville?

ÉLÉONORE. Tu nous enlèves d'abord Antonio, qui devait nous conter tant de choses de Rome?

ALPHONSE. Cela ne se peut, enfants que vous êtes ; mais je reviendrai avec lui aussitôt que possible ; alors il vous fera ses récits, et vous m'aiderez à récompenser l'homme qui vient en-

In meinem Dienst aufs neue sich bemüht.
Und haben wir uns wieder ausgesprochen,
So mag der Schwarm dann kommen, daß es lustig
In unsern Gärten werde, daß auch mir,
Wie billig, eine Schönheit in dem Kühlen,
Wenn ich sie suche, gern begegnen mag.
Leonore.
Wir wollen freundlich durch die Finger sehen.
Alphons.
Dagegen wißt ihr, daß ich schonen kann.
Prinzessin (nach der Scene gekehrt).
Schon lange seh' ich Tasso kommen. Langsam
Bewegt er seine Schritte, steht bisweilen
Auf einmal still, wie unentschlossen, geht
Dann wieder schneller auf uns los und weilt
Schon wieder.
Alphons.
Stört ihn, wenn er denkt und dichtet,
In seinen Träumen nicht und laßt ihn wandeln.
Leonore.
Nein, er hat uns gesehn, er kommt hierher.

Dritter Auftritt.

Die Vorigen. Tasso.

Tasso (mit einem Buche, in Pergament geheftet).
Ich komme langsam, dir ein Werk zu bringen,
Und zaudre noch, es dir zu überreichen.
Ich weiß zu wohl, noch bleibt es unvollendet,
Wenn es auch gleich geendigt scheinen möchte.
Allein, war ich besorgt, es unvollkommen
Dir hinzugeben, so bezwingt mich nun
Die neue Sorge: Möcht' ich doch nicht gern
Zu ängstlich, möcht' ich nicht undankbar scheinen.
Und wie der Mensch nur sagen kann: Hier bin ich!
Daß Freunde seiner schonend sich erfreuen,
So kann ich auch nur sagen: Nimm es hin!
(Er übergiebt den Band.)

core de prendre tant de peine pour mon service ; et, quand nous aurons tout dit entre nous, que la foule des courtisans vienne alors animer nos jardins, et, comme de raison, m'offrir aussi, sous l'ombrage, quelque beauté, dont j'aurai cherché la trace.

ÉLÉONORE. En amies, nous saurons fermer les yeux.

ALPHONSE. Vous savez, en revanche, que je suis indulgent.

LA PRINCESSE (se tournant vers le fond de la scène). Depuis longtemps je vois le Tasse s'approcher. Il marche à pas lents ; quelquefois il s'arrête tout à coup, comme irrésolu, puis il vient à nous d'un pas plus rapide et s'arrête encore.

ALPHONSE. S'il médite et compose, ne le troublez pas dans ses rêves, et laissez-le poursuivre son chemin.

ÉLÉONORE. Non, il nous a vus, il vient ici.

SCÈNE III

LES PRÉCÉDENTS, LE TASSE

LE TASSE (il tient un livre relié en parchemin). Je viens lentement t'apporter un ouvrage que j'hésite toujours à t'offrir. Je sais trop bien qu'il reste encore imparfait, quand même il pourrait sembler terminé ; mais, si j'ai craint de te l'offrir inachevé, une nouvelle crainte me fait violence aujourd'hui : je ne voudrais pas sembler trop inquiet, je ne voudrais pas sembler ingrat ; et de même que l'homme, pour satisfaire ses amis et gagner leur indulgence, ne peut que leur dire : « Me voici ! » à mon tour, je ne puis que dire : « Accepte mon ouvrage. » (Il offre le volume.)

Alphons.

Du überraschest mich mit deiner Gabe
Und machst mir diesen schönen Tag zum Fest.
So halt' ich's endlich denn in meinen Händen
Und nenn' es in gewissem Sinne mein!
Lang' wünscht' ich schon, du möchtest dich entschließen
Und endlich sagen: Hier! es ist genug.

Tasso.

Wenn Ihr zufrieden seid, so ist's vollkommen;
Denn euch gehört es zu in jedem Sinn.
Betrachtet' ich den Fleiß, den ich verwendet,
Sah ich die Züge meiner Feder an,
So konnt' ich sagen: dieses Werk ist mein.
Doch seh' ich näher an, was dieser Dichtung
Den innern Werth und ihre Würde giebt,
Erkenn' ich wohl, ich hab' es nur von euch.
Wenn die Natur der Dichtung holde Gabe
Aus reicher Willkür freundlich mir geschenkt,
So hatte mich das eigensinn'ge Glück
Mit grimmiger Gewalt von sich gestoßen;
Und zog die schöne Welt den Blick des Knaben
Mit ihrer ganzen Fülle herrlich an,
So trübte bald den jugendlichen Sinn
Der theuren Eltern unverdiente Noth.
Eröffnete die Lippe sich, zu singen,
So floß ein traurig Lied von ihr herab,
Und ich begleitete mit leisen Tönen
Des Vaters Schmerzen und der Mutter Qual.
Du warst allein, der aus dem engen Leben
Zu einer schönen Freiheit mich erhob;
Der jede Sorge mir vom Haupte nahm,
Mir Freiheit gab, daß meine Seele sich
Zu muthigem Gesang entfalten konnte;
Und welchen Preis nun auch mein Werk erhält,
Euch dank' ich ihn, denn euch gehört es zu.

Alphons.

Zum zweitenmal verdienst du jedes Lob
Und ehrst bescheiden dich und uns zugleich.

ALPHONSE. Ton présent me cause une surprise, et tu me fais de ce beau jour une fête. Je le tiens donc enfin dans mes mains et je puis, dans un certain sens, dire qu'il est à moi! Dès longtemps je souhaitais de te voir te résoudre et dire enfin : « Arrêtons-nous; c'est assez! »

LE TASSE. Si vous êtes contents, l'ouvrage est parfait; car il vous appartient à tous les titres. Quand je considérais le travail qu'il m'a coûté; quand j'observais les traits de ma plume, je pouvais dire : « C'est mon ouvrage; » mais, quand j'observe de plus près ce qui donne à ce poème sa valeur propre et sa dignité, je reconnais bien que je le tiens de vous seuls. Si la nature bienveillante m'a dispensé, avec un généreux caprice, l'heureux don de la poésie, la fortune bizarre m'avait repoussé loin d'elle avec une violence barbare, et, si le bel univers attirait, avec toute sa richesse et sa magnificence, les regards de l'enfant; bientôt son jeune cœur fut attristé par la détresse imméritée de parents bien-aimés. Mes lèvres s'ouvraient-elles pour chanter, il s'en échappait une douloureuse mélodie, et j'accompagnais de faibles accents les douleurs de mon père et les tourments de ma mère. Toi seul tu m'élevas de cette vie étroite à une belle liberté; tu bannis tout souci de ma pensée; tu me donnas l'indépendance, en sorte que mon âme put s'ouvrir et faire entendre d'héroïques accents; et maintenant, quelques louanges qu'obtienne mon ouvrage, je vous en suis redevable, car il vous appartient.

ALPHONSE. Pour la seconde fois, tu mérites tous nos éloges, et, par ta modestie, tu t'honores toi-même et nous avec toi.

Tasso.
O könnt' ich sagen, wie ich lebhaft fühle,
Daß ich von Euch nur habe, was ich bringe!
Der thatenlose Jüngling — nahm er wohl
Die Dichtung aus sich selbst? Die kluge Leitung
Des raschen Krieges — hat er die ersonnen?
Die Kunst der Waffen, die ein jeder Held
An dem beschiednen Tage kräftig zeigt,
Des Feldherrn Klugheit und der Ritter Muth,
Und wie sich List und Wachsamkeit bekämpft,
Hast du mir nicht, o kluger, tapfrer Fürst,
Das alles eingeflößt, als wärest du,
Mein Genius, der eine Freude fände,
Sein hohes, unerreichbar hohes Wesen
Durch einen Sterblichen zu offenbaren?
Prinzessin.
Genieße nun des Werks, das uns erfreut!
Alphons.
Erfreue dich des Beifalls jedes Guten.
Leonore.
Des allgemeinen Ruhms erfreue dich.
Tasso.
Mir ist an diesem Augenblick genug.
An euch nur dacht' ich, wenn ich sann und schrieb,
Euch zu gefallen war mein höchster Wunsch,
Euch zu ergötzen war mein letzter Zweck.
Wer nicht die Welt in seinen Freunden sieht,
Verdient nicht, daß die Welt von ihm erfahre.
Hier ist mein Vaterland, hier ist der Kreis,
In dem sich meine Seele gern verweilt.
Hier horch' ich auf, hier acht' ich jeden Wink.
Hier spricht Erfahrung, Wissenschaft, Geschmack;
Ja, Welt und Nachwelt seh' ich vor mir stehn.
Die Menge macht den Künstler irr und scheu:
Nur wer Euch ähnlich ist, versteht und fühlt,
Nur der allein soll richten und belohnen!
Alphons.
Und stellen wir denn Welt und Nachwelt vor,
So ziemt es nicht, nur müßig zu empfangen.

LE TASSE. Oh! si je pouvais dire comme je sens vivement que je tiens de vous seuls ce que je vous présente! Le jeune homme obscur a-t-il puisé en lui-même la poésie? L'habile conduite de la guerre impétueuse l'a-t-il imaginée? La science des armes, que chaque héros déploie avec énergie au jour marqué, la sagesse du chef, le courage des chevaliers, la lutte de la ruse et de la vigilance, n'est-ce pas toi, ô sage et valeureux prince, qui m'as tout inspiré, comme un génie qui mettrait son plaisir à révéler par la voix d'un mortel sa sublime et inaccessible nature?

LA PRINCESSE. Jouis maintenant de l'œuvre qui fait notre joie.

ALPHONSE. Sois heureux du suffrage de tous les nobles cœurs.

ÉLÉONORE. Sois heureux de ta gloire universelle.

LE TASSE. Cet instant me suffit. Je ne pensais qu'à vous, en méditant et en écrivant; vous plaire était mon suprême désir; vous récréer était mon dernier but. Celui qui ne voit pas le monde dans ses amis ne mérite pas que le monde s'occupe de lui. Ici est ma patrie, ici le cercle dans lequel mon âme se plaît à s'arrêter. Ici j'entends, ici je respecte le moindre signe; ici parle l'expérience, le savoir, le goût : oui, j'ai devant mes yeux le monde présent et le monde à venir. La foule égare et intimide l'artiste : celui qui vous ressemble, celui qui peut comprendre et sentir, celui-là seul doit juger et récompenser.

ALPHONSE. Et si nous représentons le monde présent et le monde à venir, nous ne devons pas recevoir froidement ton offrande.

Das schöne Zeichen, das den Dichter ehrt,
Das selbst der Held, der seiner stets bedarf,
Ihm ohne Neid ums Haupt gewunden sieht,
Erblick' ich hier auf deines Ahnherrn Stirne.
(Auf die Herme Virgils deutend.)
Hat es der Zufall, hat's ein Genius
Geflochten und gebracht? Es zeigt sich hier
Uns nicht umsonst. Virgilen hör' ich sagen:
Was ehret ihr die Todten? Hatten die
Doch ihren Lohn und Freude, da sie lebten;
Und wenn ihr uns bewundert und verehrt,
So gebt auch den Lebend'gen ihren Theil.
Mein Marmorbild ist schon bekränzt genug,
Der grüne Zweig gehört dem Leben an.
(Alphons winkt seiner Schwester; sie nimmt den Kranz von der Büste
Virgils und nähert sich Tasso. Er tritt zurück.)

Leonore.
Du weigerst dich? Sieh, welche Hand den Kranz,
Den schönen unverwelklichen, dir bietet!

Tasso.
O laßt mich zögern! Seh' ich doch nicht ein,
Wie ich nach dieser Stunde leben soll.

Alphons.
In dem Genuß des herrlichen Besitzes,
Der dich im ersten Augenblick erschreckt.

Prinzessin (indem sie den Kranz in die Höhe hält).
Du gönnest mir die seltne Freude, Tasso,
Dir ohne Wort zu sagen, wie ich denke.

Tasso.
Die schöne Last aus deinen theuren Händen
Empfang' ich knieend auf mein schwaches Haupt.
(Er kniet nieder, die Prinzessin setzt ihm den Kranz auf.)

Leonore (applaudirend).
Es lebe der zum erstenmal Bekränzte!
Wie zieret den bescheidnen Mann der Kranz!
(Tasso steht auf.)

Alphons.
Es ist ein Vorbild nur von jener Krone,
Die auf dem Kapitol dich zieren soll.

Le glorieux insigne qui honore le poète, que les héros eux-mêmes, qui ont toujours besoin de lui, voient sans envie ceindre sa tête, je le rencontre ici, sur le front de ton devancier. (Il indique le buste de Virgile.) Est-ce le hasard, est-ce un génie qui a tressé et apporté cette couronne? Ce n'est pas en vain qu'elle s'offre à nous ici. J'entends Virgile me dire : « Pourquoi honorez-vous les morts? Ils ont eu, lorsqu'ils vivaient, leur récompense et leur joie. Et, si vous nous admirez, si vous nous honorez, donnez aussi aux vivants leur part. Mon marbre est déjà couronné : le rameau vert appartient à la vie. » (Alphonse fait un signe à sa sœur, elle prend la couronne sur le buste de Virgile et s'approche du Tasse, qui fait un pas en arrière.)

ÉLÉONORE. Tu refuses! Vois quelle main te présente la belle, l'impérissable couronne!

LE TASSE. Ah! laissez-moi hésiter! Car je ne vois pas comment je pourrai vivre après une heure pareille.

ALPHONSE. Dans la jouissance du noble trésor qui t'effraye au premier moment.

LA PRINCESSE (en élevant la couronne). O Tasse, ne m'envie pas le rare plaisir de te dire sans paroles ce que je pense.

LE TASSE. Je reçois à genoux, de tes mains chéries, ce noble fardeau sur ma faible tête. (Le Tasse plie les genoux, la princesse le couronne.)

ÉLÉONORE (applaudissant). Vive celui que l'on vient de couronner pour la première fois! Que la couronne sied bien à l'homme modeste! (Le Tasse se lève.)

ALPHONSE. Ce n'est qu'un présage de celle qui doit ceindre ton front au Capitole.

Prinzessin.
Dort werden lautere Stimmen dich begrüßen;
Mit leiser Lippe lohnt die Freundschaft hier.
Tasso.
O nehmt ihn weg von meinem Haupte wieder,
Nehmt ihn hinweg! Er sengt mir meine Locken!
Und wie ein Strahl der Sonne, der zu heiß
Das Haupt mir träfe, brennt er mir die Kraft
Des Denkens aus der Stirne. Fieberhitze
Bewegt mein Blut. Verzeiht! Es ist zu viel!
Leonore.
Es schützet dieser Zweig vielmehr das Haupt
Des Manns, der in den heißen Regionen
Des Ruhms zu wandeln hat, und kühlt die Stirne.
Tasso.
Ich bin nicht werth, die Kühlung zu empfinden,
Die nur um Heldenstirnen wehen soll.
O hebt ihn auf, ihr Götter, und verklärt
Ihn zwischen Wolken, daß er hoch und höher
Und unerreichbar schwebe! daß mein Leben
Nach diesem Ziel ein ewig Wandeln sei!
Alphons.
Wer früh erwirbt, lernt früh den hohen Werth
Der holden Güter dieses Lebens schätzen;
Wer früh genießt, entbehrt in seinem Leben
Mit Willen nicht, was er einmal besaß;
Und wer besitzt, der muß gerüstet sein.
Tasso.
Und wer sich rüsten will, muß seine Kraft,
Im Busen fühlen, die ihm nie versagt.
Ach! sie versagt mir eben jetzt! Im Glück
Verläßt sie mich, die angeborne Kraft,
Die standhaft mich dem Unglück, stolz dem Unrecht
Begegnen lehrte. Hat die Freude mir,
Hat das Entzücken dieses Augenblicks
Das Mark in meinen Gliedern aufgelöst?
Es sinken meine Kniee! Noch einmal
Siehst du, o Fürstin, mich gebeugt vor dir!
Erhöre meine Bitte; nimm ihn weg!

ACTE PREMIER, SCÈNE TROISIÈME.

LA PRINCESSE. Là te salueront des voix éclatantes; ici l'amitié te récompense à petit bruit.

LE TASSE. Oh! reprenez-la de mon front, reprenez-la! Elle me brûle les cheveux, et, comme un rayon de soleil trop ardent, qui frapperait ma tête, elle consume dans mon cerveau la puissance de la pensée. Une fiévreuse ardeur agite mon sang. Grâce! C'en est trop!

ÉLÉONORE. Ce rameau protège au contraire la tête de l'homme qui doit marcher dans les brûlantes régions de la gloire, et il rafraîchit le front.

LE TASSE. Je ne suis pas digne de sentir le rafraîchissement, qui ne doit récréer de son haleine que le front des héros. O dieux, enlevez-la cette couronne, et transfigurez-la au sein des nuages; qu'elle plane à des hauteurs immenses, inaccessibles; que ma vie soit une marche continuelle vers ce but.

ALPHONSE. Celui qui obtient de bonne heure apprend de bonne heure à estimer la haute valeur des biens aimables de cette vie; celui qui jouit de bonne heure ne renonce jamais volontairement à ce qu'il posséda une fois; et celui qui possède doit être armé.

LE TASSE. Et celui qui veut prendre les armes doit sentir dans son cœur une force qui ne lui manque jamais. Ah! elle me manque à cet instant même. Elle me délaisse dans le bonheur, la force native, qui m'apprit à lutter constamment avec le malheur, fièrement avec l'injustice. La joie, les transports de ce moment ont-ils consumé la moelle de mes os? Mes genoux fléchissent. O princesse, tu me vois encore prosterné devant toi. Exauce ma prière; ôte-moi cette couronne. Comme réveillé d'un

Daß, wie aus einem schönen Traum erwacht,
Ich ein erquicktes neues Leben fühle.

Prinzessin.

Wenn du bescheiden ruhig das Talent,
Das dir die Götter gaben, tragen kannst,
So lern' auch diese Zweige tragen, die
Das Schönste sind, was wir dir geben können.
Wem einmal würdig sie das Haupt berührt,
Dem schweben sie auf ewig um die Stirne.

Tasso.

So laßt mich denn beschämt von hinnen geh'n!
Laßt mich mein Glück im tiefen Hain verbergen,
Wie ich sonst meine Schmerzen dort verbarg.
Dort will ich einsam wandeln, dort erinnert
Kein Auge mich ans unverdiente Glück.
Und zeigt mir ungefähr ein klarer Brunnen
In seinem reinen Spiegel einen Mann,
Der, wunderbar bekränzt, im Wiederschein
Des Himmels, zwischen Bäumen, zwischen Felsen
Nachdenkend ruht: so scheint es mir, ich sehe
Elysium auf dieser Zauberfläche
Gebildet. Still bedenk' ich mich und frage,
Wer mag der Abgeschiedne sein? Der Jüngling
Aus der vergangnen Zeit? So schön bekränzt?
Wer sagt mir seinen Namen? sein Verdienst?
Ich warte lang' und denke: käme doch
Ein andrer und noch einer, sich zu ihm
In freundlichem Gespräche zu gesellen!
O säh' ich die Heroen, die Poeten
Der alten Zeit um diesen Quell versammelt!
O säh' ich hier sie immer unzertrennlich,
Wie sie im Leben fest verbunden waren!
So bindet der Magnet durch seine Kraft
Das Eisen mit dem Eisen fest zusammen,
Wie gleiches Streben Held und Dichter bindet.
Homer vergaß sich selbst, sein ganzes Leben
War der Betrachtung zweier Männer heilig,
Und Alexander in Elysium

beau songe, que je sente une vie fortifiée, une vie nouvelle !

LA PRINCESSE. Si tu sais porter avec une tranquille modestie le talent que les dieux t'ont donné, apprends aussi à porter ces rameaux, le plus beau don que nous puissions te faire. Celui qu'ils ont une fois couronné dignement les verra toujours se balancer autour de son front.

LE TASSE. Eh bien, souffrez que, dans ma confusion, je m'éloigne d'ici. Souffrez que je cache mon bonheur dans ce bocage épais, comme j'y cachais autrefois mes douleurs. Là je veux errer solitaire ; là nul regard ne me rappellera mon bonheur immérité. Et, si par hasard une claire fontaine me montre dans son miroir limpide un homme, qui, merveilleusement couronné, repose rêveur, dans le reflet du ciel, au milieu des arbres, au milieu des rochers, il me semblera que je vois l'Elysée représenté dans ce miroir magique ; je me consulterai en silence et me demanderai qui peut être cette ombre, ce jeune homme des siècles passés, si gracieusement couronné. Qui me dira son nom, ses mérites ? J'attendrai longtemps, et je me dirai : « Oh ! s'il en venait un autre et un autre encore, pour se joindre à lui dans un agréable entretien ! Oh ! si je voyais les héros, les poètes des jours antiques, rassemblés autour de cette fontaine ! Si je les voyais ici toujours inséparables, comme ils furent pendant leur vie étroitement unis !... » Comme l'aimant, par sa puissance, unit le fer avec le fer, la même tendance unit le héros et le poète. Homère s'oublia lui-même ; toute sa vie fut consacrée à la contemplation de deux guerriers ; et Alexandre, dans l'Élysée,

Eilt, den Achill und den Homer zu suchen.
O daß ich gegenwärtig wäre, sie,
Die größten Seelen, nun vereint zu sehen!
Leonore.
Erwach'! Erwache! Laß uns nicht empfinden,
Daß du das Gegenwärt'ge ganz verkennst.
Tasso.
Es ist die Gegenwart, die mich erhöht;
Abwesend schein' ich nur, ich bin entzückt.
Prinzessin.
Ich freue mich, wenn du mit Geistern redest,
Daß du so menschlich sprichst, und hör' es gern.
(Ein Page tritt zu dem Fürsten und richtet leise etwas aus.)
Alphons.
Er ist gekommen! recht zur guten Stunde.
Antonio! — Bring' ihn her. — Da kommt er schon!

Vierter Auftritt.

Die Vorigen. Antonio.

Alphons.
Willkommen! der du uns zugleich dich selbst
Und gute Botschaft bringst.
Prinzessin.
    Sei uns gegrüßt!
Antonio.
Kaum wag' ich es zu sagen, welch' Vergnügen
In eurer Gegenwart mich neu belebt.
Vor euren Augen find' ich alles wieder,
Was ich so lang entbehrt. Ihr scheint zufrieden
Mit dem, was ich gethan, was ich vollbracht;
Und so bin ich belohnt für jede Sorge,
Für manchen bald mit Ungeduld durchharrten,
Bald absichtsvoll verlornen Tag. Wir haben
Nun, was wir wünschen, und kein Streit ist mehr.
Leonore.
Auch ich begrüße dich, wenn ich schon zürne.
Du kommst nur eben, da ich reisen muß.

s'empresse de chercher Achille et Homère. Oh! fussé-je auprès d'eux, pour voir ces grandes âmes désormais réunies!

ÉLÉONORE. Réveille-toi! Réveille-toi! Ne nous fais pas sentir que tu méconnais tout à fait le présent.

LE TASSE. C'est le présent qui élève mes pensées. Je parais absent : je suis ravi!

LA PRINCESSE. J'aime à voir que, dans ton commerce avec les génies, tu parles un langage humain, et j'ai du plaisir à l'entendre. (Un page s'approche du prince et lui parle bas.)

ALPHONSE. Il est arrivé! — C'est bien à propos... Antonio! Qu'il vienne! — Le voici.

SCÈNE IV
LES PRÉCÉDENTS, ANTONIO.

ALPHONSE. Sois le bienvenu, toi qui nous rends un ami, et nous apportes en même temps une bonne nouvelle.

LA PRINCESSE. Nous te saluons.

ANTONIO. J'ose à peine vous dire quelle joie me ranime en votre présence. A votre aspect, je retrouve tout ce que j'ai si longtemps regretté. Vous semblez contents de ce que j'ai fait, de ce que j'ai accompli, et par là je suis récompensé de tous mes soins, de mainte journée, tantôt passée dans une pénible attente, tantôt perdue avec dessein. Nous avons enfin ce que nous désirons, et tous débats sont finis.

ÉLÉONORE. Je te salue aussi, bien que je sois fâchée : tu n'arrives qu'à l'heure même où je dois partir.

Antonio.
Damit mein Glück nicht ganz vollkommen werde,
Nimmst du mir gleich den schönen Theil hinweg.
Tasso.
Auch meinen Gruß! Ich hoffe, mich der Nähe
Des vielerfahrnen Mannes auch zu freun.
Antonio.
Du wirst mich wahrhaft finden, wenn du je
Aus deiner Welt in meine schauen magst.
Alphons.
Wenn du mir gleich in Briefen schon gemeldet,
Was du gethan, und wie es dir ergangen,
So hab' ich doch noch manches auszufragen,
Durch welche Mittel das Geschäft gelang.
Auf jenem wunderbaren Boden will der Schritt
Wohl abgemessen sein, wenn er zuletzt
An deinen eignen Zweck dich führen soll.
Wer seines Herren Vortheil rein bedenkt,
Der hat in Rom gar einen schweren Stand:
Denn Rom will alles nehmen, geben nichts;
Und kommt man hin, um etwas zu erhalten,
Erhält man nichts, man bringe denn was hin,
Und glücklich, wenn man da noch was erhält.
Antonio.
Es ist nicht mein Betragen, meine Kunst,
Durch die ich deinen Willen, Herr, vollbracht.
Denn welcher Kluge fänd' im Vatican
Nicht seinen Meister? Vieles traf zusammen,
Das ich zu unserm Vortheil nutzen konnte.
Dich ehrt Gregor und grüßt und segnet dich.
Der Greis, der würdigste, dem eine Krone
Das Haupt belastet, denkt der Zeit mit Freuden,
Da er in seinen Arm dich schloß. Der Mann,
Der Männer unterscheidet, kennt und rühmt
Dich hoch! Um deinetwillen that er viel.
Alphons.
Ich freue seiner guten Meinung mich,
Sofern sie redlich ist. Doch weißt du wohl,
Vom Vatican herab sieht man die Reiche

ANTONIO. Afin que mon bonheur ne soit pas complet, tu m'en retranches d'abord une belle part.

LE TASSE. Reçois aussi mon salut! J'espère jouir à mon tour du commerce d'un homme si plein d'expérience.

ANTONIO. Tu me trouveras sincère, si jamais tu peux regarder de ta sphère dans la mienne.

ALPHONSE. Bien que tu m'aies déjà annoncé par tes lettres ce que tu as fait et ce qui t'est arrivé, j'ai plusieurs choses encore à te demander sur les moyens par lesquels l'affaire a réussi. Dans ce singulier pays, il faut marcher d'un pas bien mesuré pour arriver enfin à son but. Celui qui songe purement aux intérêts de son maître a dans Rome une position fort difficile : en effet, Rome veut tout prendre et ne donner rien, et, si l'on y va pour obtenir quelque avantage, on n'obtient rien, à moins qu'on n'y porte soi-même une offrande : heureux encore, si l'on obtient quelque chose.

ANTONIO. Ce n'est ni par ma conduite, ni par mon adresse, monseigneur, que j'ai accompli ta volonté. En effet, quel politique ne trouverait son maître au Vatican ? Bien des choses se sont rencontrées, que je pouvais employer à notre avantage. Grégoire te considère et te salue et te bénit. Ce vieillard, le plus digne qui fut jamais de porter une couronne, se souvient avec joie du temps où il te serrait dans ses bras. Cet homme, qui sait juger les hommes, te connaît et te vante hautement. Il a fait beaucoup pour l'amour de toi.

ALPHONSE. Je me réjouis de son estime, pour autant qu'elle est sincère. Mais, tu le sais bien, du haut du Vatican on voit déj

Schon klein genug zu seinen Füßen liegen,
Geschweige denn die Fürsten und die Menschen.
Gestehe nur, was dir am meisten half!
Antonio.
Gut! wenn du willst: der hohe Sinn des Pabsts.
Er sieht das Kleine klein, das Große groß.
Damit er einer Welt gebiete, giebt
Er seinen Nachbarn gern und freundlich nach.
Das Streifchen Land, das er dir überläßt,
Weiß er, wie deine Freundschaft, wohl zu schätzen.
Italien soll ruhig sein, er will
In seiner Nähe Freunde haben, Friede
Bei seinen Gränzen halten, daß die Macht
Der Christenheit, die er gewaltig lenkt,
Die Türken da, die Ketzer dort vertilge.
Prinzessin.
Weiß man die Männer, die er mehr als andre
Begünstigt, die sich ihm vertraulich nahn?
Antonio.
Nur der erfahrne Mann besitzt sein Ohr,
Der thätige sein Zutraun, seine Gunst.
Er, der von Jugend auf dem Staat gedient,
Beherrscht ihn jetzt und wirkt auf jene Höfe,
Die er vor Jahren als Gesandter schon
Gesehen und gekannt und oft gelenkt.
Es liegt die Welt so klar vor seinem Blick,
Als wie der Vortheil seines eignen Staats.
Wenn man ihn handeln sieht, so lobt man ihn,
Und freut sich, wenn die Zeit entdeckt, was er
Im Stillen lang' bereitet und vollbracht.
Es ist kein schönrer Anblick in der Welt,
Als einen Fürsten sehn, der klug regiert;
Das Reich zu sehn, wo jeder stolz gehorcht,
Wo jeder sich nur selbst zu dienen glaubt,
Weil ihm das Rechte nur befohlen wird.
Leonore.
Wie sehnlich wünscht' ich jene Welt einmal
Recht nah zu sehn!

les royaumes bien petits à ses pieds : que sera-ce des princes et des hommes ? Avoue seulement ce qui t'a le plus aidé.

ANTONIO. Eh bien, puisque tu le veux, c'est le grand sens du pape. Il voit petit ce qui est petit, et grand ce qui est grand ; afin de régner sur le monde, il cède volontiers et amicalement à ses voisins. Il sait bien apprécier, comme ton amitié, l'étroit territoire qu'il t'abandonne. Il veut que l'Italie soit tranquille ; il veut voir des amis dans son voisinage, maintenir la paix à ses frontières, afin que les forces de la chrétienté, qu'il dirige de sa main puissante, détruisent ici les Turcs, là les hérétiques.

LA PRINCESSE. Connaît-on les hommes qui sont, plus que d'autres, l'objet de sa faveur, ceux qui sont admis à sa familiarité ?

ANTONIO. L'homme expérimenté possède seul son oreille ; l'homme actif, sa confiance, sa faveur. Lui, qui a servi l'État dès sa jeunesse, il le gouverne aujourd'hui, et il agit sur les cours qu'il a vues autrefois comme ambassadeur, qu'il a connues et souvent dirigées. Le monde est aussi nettement devant ses yeux que l'avantage de ses propres États. Quand on le voit agir, on le loue ; et l'on est réjoui, quand le temps découvre ce qu'il a longuement préparé et accompli en silence. Il n'est pas au monde un plus beau spectacle que de voir un prince qui gouverne sagement ; de voir un royaume où chacun est fier d'obéir, où chacun croit ne servir que soi-même, parce qu'on ne lui commande que des choses justes.

ÉLÉONORE. Que je souhaiterais passionnément voir ce monde un jour de tout près !

Alphons.
Doch wohl, um mit zu wirken?
Denn bloß beschaun wird Leonore nie.
Es wäre doch recht artig, meine Freundin,
Wenn in das große Spiel wir auch zuweilen
Die zarten Hände mischen könnten — nicht?
Leonore (zu Alphons).
Du willst mich reizen, es gelingt dir nicht.
Alphons.
Ich bin dir viel von andern Tagen schuldig.
Leonore.
Nun gut, so bleib' ich heut in deiner Schuld!
Verzeih und störe meine Fragen nicht.
(Zu Antonio.)
Hat er für die Nepoten viel gethan?
Antonio.
Nicht weniger noch mehr, als billig ist.
Ein Mächtiger, der für die Seinen nicht
Zu sorgen weiß, wird von dem Volke selbst
Getadelt. Still und mäßig weiß Gregor
Den Seinigen zu nutzen, die dem Staat
Als wackre Männer dienen, und erfüllt
Mit Einer Sorge zwei verwandte Pflichten.
Tasso.
Erfreut die Wissenschaft, erfreut die Kunst
Sich seines Schutzes auch? und eifert er
Den großen Fürsten alter Zeiten nach?
Antonio.
Er ehrt die Wissenschaft, sofern sie nutzt,
Den Staat regieren, Völker kennen lehrt;
Er schätzt die Kunst, sofern sie ziert, sein Rom
Verherrlicht und Palast und Tempel
Zu Wunderwerken dieser Erde macht.
In seiner Nähe darf nichts müßig sein!
Was gelten soll muß wirken und muß dienen.
Alphons.
Und glaubst du, daß wir das Geschäfte bald
Vollenden können? daß sie nicht zuletzt
Noch hie und da noch Hindernisse streuen?

ALPHONSE. Mais sans doute pour y prendre ta part d'influence? Car jamais Éléonore ne sera simple spectatrice. Ce serait charmant, en vérité, mon amie, si nous pouvions aussi mêler parfois ces mains délicates dans le grand jeu de la politique! — N'est-ce pas?

ÉLÉONORE. Tu veux me piquer : tu ne pourras y réussir.

ALPHONSE. Je suis depuis quelque temps bien en reste avec toi.

ÉLÉONORE. Soit, je demeure aujourd'hui ta débitrice. Pardonne et ne trouble pas mes questions. (A Antonio.) A-t-il fait beaucoup pour ses neveux?

ANTONIO. Ni plus ni moins qu'il n'est convenable. Un homme puissant, qui ne sait pas s'occuper des siens, est blâmé du peuple même. Grégoire sait faire du bien, avec réserve et mesure, à ses parents qui servent l'État en hommes de mérite, et, d'un seul coup, il remplit deux devoirs qui se touchent de près.

LE TASSE. Les sciences, les arts, ont-ils à se louer aussi de sa protection? Est-ce qu'il rivalise avec les grands princes des temps passés?

ANTONIO. Il honore la science, en tant qu'elle est utile, qu'elle enseigne à gouverner l'État, à connaître les peuples; il estime les arts, en tant qu'ils décorent, qu'ils embellissent sa ville de Rome, et qu'ils font de ses palais et de ses temples des merveilles du monde. Près de lui, nul n'ose rester oisif. Qui veut être estimé, doit agir et doit servir.

ALPHONSE. Et crois-tu que nous puissions bientôt terminer cette affaire; qu'enfin ils ne nous élèveront pas encore çà et là des obstacles?

Antonio.
Ich müßte sehr mich irren, wenn nicht gleich
Durch deinen Namenszug, durch Briefe
Auf immer dieser Zwist gehoben wäre.
Alphons.
So lob' ich diese Tage meines Lebens
Als eine Zeit des Glückes und Gewinns.
Erweitert seh' ich meine Gränze, weiß
Sie für die Zukunft sicher. Ohne Schwertschlag
Hast du's geleistet, eine Bürgerkrone
Dir wohl verdient. Es sollen unsre Frauen
Vom ersten Eichenlaub am schönsten Morgen
Geflochten dir sie um die Stirne legen.
Indessen hat mich Tasso auch bereichert:
Er hat Jerusalem für uns erobert
Und so die neue Christenheit beschämt;
Ein weit entferntes, hoch gestecktes Ziel
Mit frohem Muth und strengem Fleiß erreicht.
Für seine Mühe siehst du ihn gekrönt.
Antonio.
Du lösest mir ein Räthsel. Zwei Bekränzte
Erblick' ich mit Verwundrung, da ich kam.
Tasso.
Wenn du mein Glück vor deinen Augen stehst,
So wünscht' ich, daß du mein beschämt Gemüth
Mit eben diesem Blicke schauen könntest.
Antonio.
Mir war es lang' bekannt, daß im Belohnen
Alphons unmäßig ist, und du erfährst,
Was jeder von den Seinen schon erfuhr.
Prinzessin.
Wenn du erst siehst, was er geleistet hat,
So wirst du uns gerecht und mäßig finden.
Wir sind nur hier die ersten stillen Zeugen
Des Beifalls, den die Welt ihm nicht versagt,
Und den ihm zehnfach künft'ge Jahre gönnen.
Antonio.
Er ist durch euch schon seines Ruhms gewiß.

ACTE PREMIER, SCÈNE QUATRIÈME.

ANTONIO. Je serais fort trompé, si ta signature, si quelques lettres de toi, ne mettaient pas fin pour toujours à ce débat.

ALPHONSE. Je célèbre donc ces jours de ma vie comme un temps de bonheur et de conquêtes. Je vois s'agrandir mes domaines ; je les sens tranquilles pour l'avenir. Sans coup férir, tu m'as valu cet avantage : tu as bien mérité une couronne civique. Il faut que, dans le plus beau jour, nos dames la tressent des premiers rameaux de chêne et la posent sur ton front. Cependant le Tasse m'a aussi enrichi ; il a conquis pour nous Jérusalem, et il a couvert ainsi de confusion la chrétienté contemporaine ; avec un joyeux courage et une ferme persévérance, il a atteint un but placé bien haut et bien loin : tu le vois couronné pour ses travaux.

ANTONIO. Tu m'expliques une énigme. A mon arrivée, j'ai vu avec étonnement deux fronts couronnés.

LE TASSE. Si tes yeux sont témoins de mon bonheur, je voudrais que ce même regard pût voir la confusion de mon âme.

ANTONIO. Je savais depuis longtemps que, dans ses récompenses, Alphonse ne connaît point de bornes, et tu éprouves ce que chacun des siens a déjà éprouvé.

LA PRINCESSE. Quand tu connaîtras le présent qu'il nous a fait, tu nous trouveras justes et modérés. Nous ne sommes ici que les premiers et secrets témoins des applaudissements que le monde ne lui refusera pas, et que lui donneront au centuple les âges futurs.

ANTONIO. Il est déjà assuré par vous de sa gloire. Qui oserait

Wer dürfte zweifeln, wo ihr preisen könnt?
Doch sage mir, wer drückte diesen Kranz
Auf Ariostens Stirne?
Leonore.
Diese Hand.
Antonio.
Und sie hat wohl gethan! Er ziert ihn schön,
Als ihn der Lorbeer selbst nicht zieren würde.
Wie die Natur die innig reiche Brust
Mit einem grünen, bunten Kleide deckt,
So hüllt er alles, was den Menschen nur
Ehrwürdig, liebenswürdig machen kann,
Ins blühende Gewand der Fabel ein.
Zufriedenheit, Erfahrung und Verstand
Und Geisteskraft, Geschmack und reiner Sinn
Fürs wahre Gute, geistig scheinen sie
In seinen Liedern und persönlich doch
Wie unter Blüthenbäumen auszuruhn,
Bedeckt vom Schnee der leicht getragnen Blüthen,
Umkränzt von Rosen, wunderlich umgaukelt
Vom losen Zauberspiel der Amoretten.
Der Quell des Ueberflusses rauscht darneben
Und läßt uns bunte Wunderfische sehn.
Von seltenem Geflügel ist die Luft,
Von fremden Heerden Wies' und Busch erfüllt;
Die Schalkheit lauscht im Grünen halb versteckt,
Die Weisheit läßt von einer goldnen Wolke
Von Zeit zu Zeit erhabne Sprüche tönen,
Indeß auf wohl gestimmter Laute wild
Der Wahnsinn hin und her zu wühlen scheint,
Und doch im schönsten Tact sich mäßig hält.
Wer neben diesen Mann sich wagen darf,
Verdient für seine Kühnheit schon den Kranz.
Vergebt, wenn ich mich selbst begeistert fühle,
Wie ein Verzückter weder Zeit noch Ort,
Noch was ich sage, wohl bedenken kann;
Denn alle diese Dichter, diese Kränze,
Das seltne festliche Gewand der Schönen
Versetzt mich aus mir selbst in fremdes Land.

ACTE PREMIER, SCÈNE QUATRIÈME.

douter, quand vous pouvez applaudir? Mais, dis-moi, qui a placé cette couronne sur le front de l'Arioste?

ÉLÉONORE. Cette main.

ANTONIO. Et certes elle a bien fait! Ces fleurs le parent mieux que le laurier même ne saurait le parer. Comme la nature couvre d'une robe verte, diaprée, les secrets trésors de son sein, il enveloppe du brillant tissu de la fable tout ce qui peut rendre l'homme digne de respect et d'amour. Le contentement, l'expérience et la raison et la force d'esprit, le goût et le sens pur du vrai bon, idéalisés, et pourtant personnifiés dans ses chants, semblent reposer comme sous les arbres fleuris, couverts de la neige des corolles légères, couronnés de roses, capricieusement entourés par les danses et la magie des folâtres amours. La source de l'abondance murmure à leur côté, et nous laisse voir des poissons merveilleux aux diverses couleurs; l'air est peuplé d'oiseaux rares; les prairies et les buissons, de troupeaux étrangers; la ruse est aux aguets, à demi cachée dans la verdure ; d'un nuage d'or, la sagesse fait retentir quelquefois des sentences sublimes; tandis que, sur un luth harmonieux, la folie semble se livrer à des écarts sauvages, et se maintient pourtant dans la plus parfaite mesure. Celui qui ose se risquer auprès d'un tel homme, mérite déjà la couronne pour son audace. Pardonnez-moi, si je me sens moi-même inspiré; si, comme en extase, je ne puis bien considérer ni le temps, ni le lieu, ni ce que je dis: c'est que tous ces poètes, ces couronnes, ce costume tout nouveau de nos belles, me transportent hors de moi-même dans un monde étranger.

Prinzessin.
Wer Ein Verdienst so wohl zu schätzen weiß,
Der wird das andre nicht verkennen. Du
Sollst uns dereinst in Tasso's Liedern zeigen,
Was wir gefühlt und was nur du erkennst.
Alphons.
Komm mit, Antonio! manches hab' ich noch,
Worauf ich sehr begierig bin, zu fragen.
Dann sollst du bis zum Untergang der Sonne
Den Frauen angehören. Komm! Lebt wohl.
(Dem Fürsten folgt Antonio, den Damen Tasso.)

Zweiter Aufzug.
Erster Auftritt.
Saal.

Prinzessin. Tasso.

Tasso.
Unsicher folgen meine Schritte dir,
O Fürstin, und Gedanken ohne Maß
Und Ordnung regen sich in meiner Seele.
Mir scheint die Einsamkeit zu winken, mich
Gefällig anzulispeln: komm, ich löse
Die neu erregten Zweifel deiner Brust.
Doch werf' ich einen Blick auf dich, vernimmt
Mein horchend Ohr ein Wort von deiner Lippe,
So wird ein neuer Tag um mich herum,
Und alle Bande fallen von mir los.
Ich will dir gestehn, es hat der Mann,
Der unerwartet zu uns trat, nicht sanft
Aus einem schönen Traum mich aufgeweckt;
Sein Wesen, seine Worte haben mich
So wunderbar getroffen, daß ich mehr
Als je mich doppelt fühle, mit mir selbst
Aufs neu' in streitender Verwirrung bin.

LA PRINCESSE. Celui qui sait si bien apprécier l'un de ces mérites ne méconnaîtra pas l'autre. Un jour tu nous signaleras dans les chants du Tasse ce que nous avons senti, et que tu peux seul approfondir.

ALPHONSE. Viens, Antonio! J'ai bien des choses encore sur lesquelles je suis très impatient de t'interroger. Ensuite, jusqu'au coucher du soleil, tu appartiendras aux dames. Viens! adieu!
(Antonio suit le prince, le Tasse suit les dames.)

ACTE II

SCÈNE I

(Un salon.)

LA PRINCESSE, LE TASSE.

LE TASSE. Je te suis, ô princesse, d'un pas incertain, et des pensées sans ordre et sans mesure s'agitent dans mon âme. La solitude semble m'appeler, me dire tout bas, d'une voix caressante : « Viens, je dissiperai les doutes nouveaux qui se sont élevés dans ton cœur. » Cependant, si je jette un regard sur toi, si mon oreille attentive recueille un mot de tes lèvres, un nouveau jour se lève autour de moi, et tous mes liens se détachent. Je te l'avouerai volontiers, cet homme arrivé soudainement auprès de nous m'a brusquement réveillé d'un beau rêve. Ses manières, ses paroles, m'ont si étrangement affecté, que je sens plus que jamais deux hommes en moi, et que je suis de nouveau avec moi-même dans un pénible combat.

Prinzeſſin.

Es iſt unmöglich, daß ein alter Freund,
Der lang' entfernt ein frembes Leben führte,
Im Augenblick, da er uns wiederſieht,
Sich wieder gleich wie ehmals finden ſoll.
Er iſt in ſeinem Innern nicht verändert;
Laß uns mit ihm nur wenig Tage leben,
So ſtimmen ſich die Saiten hin und wieder,
Bis glücklich eine ſchöne Harmonie
Aufs neue ſie verbindet. Wird er dann
Auch näher kennen, was du dieſe Zeit
Geleiſtet haſt, ſo ſtellt er dich gewiß
Dem Dichter an die Seite, den er jetzt
Als einen Rieſen dir entgegen ſtellt.

Taſſo.

Ach, meine Fürſtin, Arioſtens Lob
Aus ſeinem Munde hat mich mehr ergötzt,
Als daß es mich beleidigt hätte. Tröſtlich
Iſt es für uns, den Mann gerühmt zu wiſſen,
Der als ein großes Muſter vor uns ſteht.
Wir können uns im ſtillen Herzen ſagen:
Erreichſt du einen Theil von ſeinem Werth,
Bleibt dir ein Theil auch ſeines Ruhms gewiß.
Nein, was das Herz im Tiefſten mir bewegte,
Was mir noch jetzt die ganze Seele füllt,
Es waren die Geſtalten jener Welt,
Die ſich lebendig, raſtlos, ungeheuer
Um Einen großen, einzig klugen Mann
Gemeſſen dreht und ihren Lauf vollendet,
Den ihr der Halbgott vorzuſchreiben wagt.
Begierig horcht' ich auf, vernahm mit Luſt
Die ſichern Worte des erfahrnen Mannes;
Doch ach! je mehr ich horchte, mehr und mehr
Verſank ich vor mir ſelbſt, ich fürchtete,
Wie Echo an den Felſen zu verſchwinden,
Ein Wiederhall, ein Nichts mich zu verlieren.

Prinzeſſin.

Und ſchienſt noch kurz vorher ſo rein zu fühlen,
Wie Held und Dichter für einander leben,

LA PRINCESSE. Il est impossible qu'un ancien ami, qui, longtemps éloigné, a vécu d'une vie étrangère, au moment où il nous rejoint, se trouve d'abord tel qu'autrefois. Il n'est pas changé au fond ; vivons seulement quelques jours avec lui, nous nous mettrons d'accord de part et d'autre, jusqu'à ce qu'une heureuse et belle harmonie nous unisse de nouveau. Quand lui-même il connaîtra mieux l'ouvrage que tu viens de produire, il te placera certainement à côté du poëte qu'il t'oppose aujourd'hui comme un géant.

LE TASSE. Ah! ma princesse, l'éloge de l'Arioste dans sa bouche m'a réjoui, bien loin de me blesser. Il est consolant pour nous d'entendre célébrer l'homme qui se présente à nous comme un grand modèle. Nous pouvons nous dire, dans le secret du cœur : « Si tu peux atteindre à une part de son mérite, une part de sa gloire ne saurait non plus te manquer. » Non, ce qui m'a ému jusqu'au fond du cœur, ce qui remplit encore toute mon âme, ce sont les figures de ce monde, qui, plein de vie, infatigable, immense, tourne exactement autour d'un homme, seul grand, seul sage, et accomplit la course que le demi-dieu ose lui prescrire. J'écoutais avidement, je recueillais avec plaisir les fermes paroles de l'homme expérimenté. Mais, hélas ! plus j'écoutais, plus je m'abîmais à mes propres yeux ; je craignais de disparaître comme la nymphe Écho, le long des rochers, et de me perdre comme une vaine résonance, comme un néant.

LA PRINCESSE. Et, peu auparavant, tu paraissais encore sentir si nettement comme le héros et le poëte vivent l'un pour l'autre,

Wie Held und Dichter sich einander suchen,
Und keiner je den andern neiden soll?
Zwar herrlich ist die liebeswerthe That,
Doch schön ist's auch, der Thaten stärkste Fülle
Durch würd'ge Lieder auf die Nachwelt bringen.
Begnüge dich, aus einem kleinen Staate,
Der dich beschützt, dem wilden Lauf der Welt,
Wie von dem Ufer, ruhig zuzusehn.

Tasso.

Und sah ich hier mit Staunen nicht zuerst,
Wie herrlich man den tapfern Mann belohnt?
Als unerfahrner Knabe kam ich her,
In einem Augenblick, da Fest auf Fest
Ferrara zu dem Mittelpunkt der Ehre
Zu machen schien. O! welcher Anblick war's!
Den weiten Platz, auf dem in ihrem Glanze
Gewandte Tapferkeit sich zeigen sollte,
Umschloß ein Kreis, wie ihn die Sonne nicht
So bald zum zweitenmal bescheinen wird.
Es saßen hier gedrängt die schönsten Frauen,
Gedrängt die ersten Männer unsrer Zeit.
Erstaunt durchlief der Blick die edle Menge;
Man rief: Sie alle hat das Vaterland,
Das Eine, schmale, meerumgebne Land,
Hierher geschickt. Zusammen bilden sie
Das herrlichste Gericht, das über Ehre,
Verdienst und Tugend je entschieden hat.
Gehst du sie einzeln durch, du findest keinen,
Der seines Nachbarn sich zu schämen brauche! —
Und dann eröffneten die Schranken sich:
Da stampften Pferde, glänzten Helm und Schilde,
Da drängten sich die Knappen, da erklang
Trompetenschall, und Lanzen krachten splitternd,
Getroffen tönten Helm und Schilde, Staub,
Auf einen Augenblick, umhüllte wirbelnd
Des Siegers Ehre, des Besiegten Schmach.
O laß mich einen Vorhang vor das ganze,
Mir allzuhelle Schauspiel ziehen, daß

comme le héros et le poète se cherchent l'un l'autre, sans que l'un doive jamais regarder l'autre avec envie? Certes elle est magnifique l'action digne d'être chantée; mais il est glorieux aussi de transmettre à la postérité, par de dignes chants, les actions, avec toute leur grandeur et leur force. Qu'il te suffise, au sein du petit duché qui te protège, de contempler tranquillement, comme du rivage, le cours orageux du monde.

LE TASSE. Et n'ai-je pas vu ici, pour la première fois, comme on récompense magnifiquement l'homme brave? J'arrivai, enfant sans expérience, dans le temps où fêtes sur fêtes paraissaient faire de cette ville le centre de l'honneur. Oh! quel spectacle! La vaste place, où la vaillance exercée devait se montrer dans tout son éclat, était environnée d'une assemblée telle que le soleil n'en éclairera pas de sitôt une semblable. Là étaient assises en foule les plus belles femmes, en foule les premiers hommes de nos jours. Le regard parcourait avec étonnement cette noble multitude. On s'écriait : « C'est la patrie la patrie seule, l'étroite péninsule, qui les a tous envoyés ici. Ils forment ensemble le plus auguste tribunal qui ait jamais prononcé sur l'honneur, le mérite et la vertu. Si tu les passes en revue l'un après l'autre, tu n'en trouveras aucun qui doive rougir de son voisin... » Alors les barrières s'ouvrirent : les chevaux battaient du pied; les casques et les boucliers étincelaient; les écuyers se pressaient; les trompettes sonnaient et les lances fracassées volaient en éclats; les casques et les boucliers résonnaient sous les coups; les tourbillons de poussière enveloppaient, pour un instant, la gloire du vainqueur et la honte du vaincu. Oh! laisse-moi tirer le rideau devant ce spectacle trop brillant pour moi, afin qu'en ce beau

In diesem schönen Augenblicke mir
Mein Unwerth nicht zu heftig fühlbar werde.
Prinzessin.
Wenn jener edle Kreis, wenn jene Thaten
Zu Müh' und Streben damals dich entflammten,
So konnt' ich, junger Freund, zu gleicher Zeit
Der Duldung stille Lehre dir bewähren.
Die Feste, die du rühmst, die hundert Zungen
Mir damals priesen und mir manches Jahr
Nachher gepriesen haben, sah ich nicht.
Am stillen Ort, wohin kaum unterbrochen
Der letzte Wiederhall der Freude sich
Verlieren konnte, mußt' ich manche Schmerzen
Und manchen traurigen Gedanken leiden.
Mit breiten Flügeln schwebte mir das Bild
Des Todes vor den Augen, deckte mir
Die Aussicht in die immer neue Welt.
Nur nach und nach entfernt' es sich und ließ
Mich, wie durch einen Flor, die bunten Farben
Des Lebens, blaß, doch angenehm, erblicken.
Ich sah lebend'ge Formen wieder sanft sich regen.
Zum erstenmal trat ich noch unterstützt
Von meinen Frauen, aus dem Krankenzimmer,
Da kam Lucretia voll frohen Lebens
Herbei und führte dich an ihrer Hand.
Du warst der erste, der im neuen Leben
Mir neu und unbekannt entgegen trat.
Da hofft' ich viel für dich und mich, auch hat
Uns bis hierher die Hoffnung nicht betrogen.
Tasso.
Und ich, der ich betäubt von dem Gewimmel
Des drängenden Gewühls, von so viel Glanz
Geblendet und von mancher Leidenschaft
Bewegt, durch stille Gänge des Palasts
An deiner Schwester Seite schweigend ging,
Dann in das Zimmer trat, wo du uns bald,
Auf deine Fraun gelehnt, erschienest — mir
Welch ein Moment war dieser! O vergieb!
Wie den Bezauberten von Rausch und Wahn

moment mon indignité ne me soit pas trop cruellement sensible.

LA PRINCESSE. Si cette noble assemblée, si ces exploits t'enflammaient d'une généreuse émulation, je pouvais, jeune ami, t'offrir en même temps la secrète leçon de la patience. Les fêtes que tu vantes, que cent témoins me vantaient alors, et m'ont vantées bien des années après, je ne les ai pas vues. Dans un secret asile, où, à peine interrompu, le dernier écho de la joie pouvait se perdre, j'avais à supporter bien des douleurs et bien des tristes pensées. Avec ses larges ailes, l'image de la mort planait devant mes yeux, et me cachait la vue du monde toujours nouveau. Cette image ne s'éloigna que peu à peu, et me laissa entrevoir, comme à travers un crêpe, pâles encore, mais agréables, les mille couleurs de la vie. Je voyais de nouveau se mouvoir doucement des formes vivantes. Pour la première fois, encore soutenue par mes femmes, je sortis de ma chambre de douleur; Lucrèce, pleine d'allégresse et de vie, vint à moi, te conduisant par la main. Tu fus le premier étranger, le premier inconnu, que je rencontrai dans cette vie nouvelle. J'en espérai beaucoup pour toi et pour moi; et jusqu'ici l'espérance ne nous a pas trompés.

LE TASSE. Et moi, troublé par le tourbillon de la foule, ébloui par tant d'éclat, et agité de maintes passions, le long des tranquilles galeries du palais, je marchais en silence à côté de ta sœur, puis j'entrai dans la chambre, où bientôt, appuyée sur tes femmes, tu parus devant nous... Quel moment pour moi que celui-là!... Oh! pardonne! Ainsi que l'homme égaré par de vains prestiges est aisément et doucement guéri par l'approche de la

Der Gottheit Nähe leicht und willig heilt,
So war auch ich von aller Phantasie,
Von jeder Sucht, von jedem falschen Triebe
Mit einem Blick in deinen Blick geheilt.
Wenn unerfahren die Begierde sich
Nach tausend Gegenständen sonst verlor,
Trat ich beschämt zuerst in mich zurück
Und lernte nun das Wünschenswerthe kennen.
So sucht man in dem weiten Sand des Meers
Vergebens eine Perle, die verborgen
In stillen Schalen eingeschlossen ruht.

Prinzessin.

Es fingen schöne Zeiten damals an,
Und hätt' uns nicht der Herzog von Urbino
Die Schwester weggeführt, uns wären Jahre
Im schönen ungetrübten Glück verschwunden.
Doch leider jetzt vermissen wir zu sehr
Den frohen Geist, die Brust voll Muth und Leben,
Den reichen Witz der liebenswürd'gen Frau.

Tasso.

Ich weiß es nur zu wohl, seit jenem Tage,
Da sie von hinnen schied, vermochte dir
Die reine Freude niemand zu ersetzen.
Wie oft zerriß es meine Brust! Wie oft
Klagt' ich dem stillen Hain mein Leid um dich!
Ach! rief ich aus, hat denn die Schwester nur
Das Glück, das Recht, der Theuern viel zu sein?
Ist denn kein Herz mehr werth, daß sie sich ihm
Vertrauen dürfte, kein Gemüth dem ihren
Mehr gleich gestimmt? Ist Geist und Witz verloschen?
Und war die Eine Frau, so trefflich sie
Auch war, denn alles? Fürstin! o verzeih!
Da dacht' ich manchmal an mich selbst und wünschte,
Dir etwas sein zu können. Wenig nur,
Doch etwas, nicht mit Worten, mit der That
Wünscht' ich's zu sein, im Leben dir zu zeigen,
Wie sich mein Herz im Stillen bir geweiht.
Doch es gelang mir nicht, und nur zu oft
That ich im Irrthum, was dich schmerzen mußte,

divinité, je fus de même guéri de toute fantaisie, de tout égarement, de tout désir trompeur, aussitôt que mon regard eut rencontré le tien. Tandis qu'auparavant mes vœux sans expérience s'égaraient entre mille objets, pour la première fois, je rentrai avec confusion en moi-même, et j'appris à connaître le bien désirable. C'est ainsi qu'on cherche vainement, dans le vaste sable des mers, une perle, qui repose cachée dans l'écaille, sa retraite solitaire.

LA PRINCESSE. Alors commencèrent de beaux jours, et, si le duc d'Urbin ne nous avait pas enlevé ma sœur, les années se seraient écoulées pour nous dans un bonheur pur et charmant. Mais hélas! il nous manque trop aujourd'hui le caractère enjoué, le cœur plein de force et de vie, l'esprit fécond de cette aimable femme.

LE TASSE. Je ne le sais que trop, depuis le jour où elle quitta ces lieux, personne n'a pu te rendre la joie pure. Que de fois cette pensée a déchiré mon cœur ! Que de fois, à ton sujet, ai-je confié mes plaintes aux bois silencieux ! « Hélas ! m'écriai-je, la sœur a-t-elle donc seule le bonheur, le droit, d'être appréciée de cette femme chérie ? N'est-il donc plus de cœur qui mérite qu'elle veuille se confier à lui ? N'est-il plus aucune âme qui réponde à la sienne ? L'esprit et l'enjouement sont-ils éteints ? Et cette seule femme, si excellente qu'elle fût, était-elle donc tout ? » O princesse, pardonne ! je pensais alors quelquefois à moi-même, et je souhaitais de pouvoir être quelque chose pour toi; bien peu sans doute, mais quelque chose; je souhaitais de l'être non pas en paroles, mais en effet, et de te montrer, dans la vie, comme mon cœur s'est consacré à toi en secret. Mais cela ne m'a point réussi, et je n'ai fait que trop souvent, par erreur, ce qui devait

Beleidigte den Mann, den du beschütztest,
Verwirrte unklug, was du lösen wolltest,
Und fühlte so mich stets im Augenblick,
Wenn ich mich nahen wollte, fern und ferner.

Prinzessin.

Ich habe, Tasso, deinen Willen nie
Verkannt und weiß, wie du dir selbst zu schaden
Geschäftig bist. Anstatt daß meine Schwester
Mit jedem, wie er sei, zu leben weiß,
So kannst du selbst nach vielen Jahren kaum
In einen Freund dich finden.

Tasso.
Table mich!

Doch sage mir hernach, wo ist der Mann,
Die Frau, mit der ich wie mit dir
Aus freiem Busen wagen darf zu reden?

Prinzessin.

Du solltest meinem Bruder dich vertraun.

Tasso.

Er ist mein Fürst! — Doch glaube nicht, daß mir
Der Freiheit wilder Trieb den Busen blähe.
Der Mensch ist nicht geboren frei zu sein,
Und für den Edeln ist kein schöner Glück,
Als einem Fürsten, den er ehrt, zu dienen.
Und so ist er mein Herr, und ich empfinde
Den ganzen Umfang dieses großen Worts.
Nun muß ich schweigen lernen, wenn er spricht,
Und thun, wenn er gebietet, mögen auch
Verstand und Herz ihm lebhaft widersprechen.

Prinzessin.

Das ist der Fall bei meinem Bruder nie.
Und nun, da wir Antonio wieder haben,
Ist dir ein neuer kluger Freund gewiß.

Tasso.

Ich hofft' es ehmals, jetzt verzweifl' ich fast.
Wie lehrreich wäre mir sein Umgang, nützlich
Sein Rath in tausend Fällen! Er besitzt,
Ich mag wohl sagen, alles, was mir fehlt.
Doch — haben alle Götter sich versammelt,

t'affliger; j'offensais l'homme que tu protégeais; j'embrouillais, par imprudence, ce que tu voulais démêler; et, dans le moment où je voulais m'approcher, je me sentais plus loin, toujours plus loin.

LA PRINCESSE. Ami, je n'ai jamais méconnu tes intentions, et je sais comme tu prends à tâche de te nuire à toi-même. Au lieu que ma sœur sait vivre avec chacun, quel qu'il soit, tu peux à peine, même après beaucoup d'années, te retrouver dans un ami.

LE TASSE. Condamne-moi; mais dis-moi ensuite où est l'homme, où est la femme, avec qui je puisse risquer de parler à cœur ouvert comme avec toi.

LA PRINCESSE. Tu devrais te fier à mon frère.

LE TASSE. Il est mon prince!... Ne crois pas toutefois qu'un souffle sauvage de liberté gonfle mon cœur. L'homme n'est pas fait pour être libre, et, pour un noble esprit, il n'est point de sort plus beau que de servir un prince qu'il honore. Voilà comment il est mon maître, et je sens toute l'étendue de ce grand mot. Je dois apprendre à me taire quand il parle, et à faire ce qu'il ordonne, mon cœur et ma raison voulussent-ils même vivement le contredire.

LA PRINCESSE. Cela n'arrive jamais avec mon frère, et maintenant, que nous avons Antonio, tu es assuré d'un sage ami de plus.

LE TASSE. Je m'en flattais autrefois : maintenant je suis près d'en désespérer. Que son commerce me serait profitable, et ses conseils utiles en mille rencontres! Il possède, je puis bien le dire, tout ce qui me manque. Mais... si tous les dieux se sont

Geschenke seiner Wiege darzubringen,
Die Grazien sind leider ausgeblieben;
Und wem die Gaben dieser Holden fehlen,
Der kann zwar viel besitzen, vieles geben,
Doch läßt sich nie an seinem Busen ruhn.
Prinzessin.
Doch läßt sich ihm vertraun, und das ist viel.
Du mußt von Einem Mann nicht alles fordern,
Und dieser leistet, was er dir verspricht.
Hat er sich erst für deinen Freund erklärt,
So sorgt er selbst für dich, wo du dir fehlst.
Ihr müßt verbunden sein! Ich schmeichle mir,
Dieß schöne Werk in kurzem zu vollbringen.
Nur widerstehe nicht, wie du es pflegst!
So haben wir Leonoren lang' besessen,
Die fein und zierlich ist, mit der es leicht
Sich leben läßt; auch dieser hast du nie,
Wie sie es wünschte, näher treten wollen.
Tasso.
Ich habe dir gehorcht, sonst hätt' ich mich
Von ihr entfernt, anstatt mich ihr zu nahen.
So liebenswürdig sie erscheinen kann,
Ich weiß nicht, wie es ist, konnt' ich nur selten
Mit ihr ganz offen sein, und wenn sie auch
Die Absicht hat, den Freunden wohlzuthun,
So fühlt man Absicht, und man ist verstimmt.
Prinzessin.
Auf diesem Wege werden wir wohl nie
Gesellschaft finden, Tasso! Dieser Pfad
Verleitet uns, durch einsames Gebüsch,
Durch stille Thäler fortzuwandern; mehr
Und mehr verwöhnt sich das Gemüth und strebt,
Die goldne Zeit, die ihm von außen mangelt,
In seinem Innern wieder herzustellen,
So wenig der Versuch gelingen will.
Tasso.
O welches Wort spricht meine Fürstin aus!
Die goldne Zeit, wohin ist sie geflohn?
Nach der sich jedes Herz vergebens sehnt!

réunis pour offrir leurs dons à son berceau, les Grâces, par malheur, ne sont pas venues, et celui à qui manquent les dons de ces immortelles peut sans doute beaucoup posséder, beaucoup donner, mais on ne pourra jamais reposer sur son sein.

LA PRINCESSE. On peut du moins se fier à lui, et c'est beaucoup. Il ne faut pas tout exiger d'un seul homme, et celui-ci donne ce qu'il promet. S'est-il une fois déclaré ton ami, il veillera pour toi, quand tu te feras défaut à toi-même. Il faut que vous soyez unis. Je me flatte d'accomplir en peu de temps ce bel ouvrage. Seulement, ne résiste pas, comme c'est ta coutume. Nous avons, par exemple, possédé longtemps Éléonore, qui est pleine de finesse et d'élégance, avec laquelle il est facile de vivre, et jamais tu n'as consenti non plus à te rapprocher d'elle, comme elle l'aurait désiré.

LE TASSE. Je t'ai obéi : autrement je me fusse éloigné d'elle, au lieu de m'en rapprocher. Si aimable qu'elle puisse paraître, je ne sais comment il s'est fait que j'ai pu rarement être entièrement ouvert avec elle; et, lors même qu'elle a l'intention d'obliger ses amis, l'intention se fait sentir et l'on est choqué.

LA PRINCESSE. O mon ami, par ce chemin nous ne trouverons jamais de société. Ce sentier nous séduit et nous entraîne à travers les bois solitaires et les secrètes vallées; l'âme s'égare de plus en plus, et l'âge d'or, qu'elle ne trouve pas au dehors, elle s'efforce de le reproduire dans son sein, si peu que la tentative lui réussisse.

LE TASSE. Oh! quelle parole a prononcée ma princesse! Où s'est-il enfui cet âge d'or, après lequel tous les cœurs soupirent

Da auf der freien Erde Menschen sich
Wie frohe Heerden im Genuß verbreiteten;
Da ein uralter Baum auf bunter Wiese
Dem Hirten und der Hirtin Schatten gab,
Ein jüngeres Gebüsch die zarten Zweige
Um sehnsuchtsvolle Liebe traulich schlang;
Wo klar und still auf immer reinem Sande
Der weiche Fluß die Nymphe sanft umfing;
Wo in dem Grase die gescheuchte Schlange
Unschädlich sich verlor, der kühne Faun,
Vom tapfern Jüngling bald bestraft, entfloh;
Wo jeder Vogel in der freien Luft,
Wo jedes Thier, durch Berg und Thäler schweifend,
Zum Menschen sprach: Erlaubt ist, was gefällt.

Prinzessin.

Mein Freund, die goldne Zeit ist wohl vorbei:
Allein die Guten bringen sie zurück;
Und soll ich dir gestehen, wie ich denke:
Die goldne Zeit, womit der Dichter uns
Zu schmeicheln pflegt, die schöne Zeit, sie war,
So scheint es mir, so wenig als sie ist;
Und war sie je, so war sie nur gewiß,
Wie sie uns immer wieder werden kann.
Noch treffen sich verwandte Herzen an
Und theilen den Genuß der schönen Welt;
Nur in dem Wahlspruch ändert sich, mein Freund,
Ein einzig Wort: Erlaubt ist, was sich ziemt.

Tasso.

O wenn aus guten, edlen Menschen nur
Ein allgemein Gericht bestellt entschiede,
Was sich denn ziemt, anstatt daß jeder glaubt,
Es sei auch schicklich, was ihm nützlich ist.
Wir sehn ja, dem Gewaltigen, dem Klugen
Steht alles wohl, und er erlaubt sich alles.

Prinzessin.

Willst du genau erfahren, was sich ziemt,
So frage nur bei edlen Frauen an.
Denn ihnen ist am meisten dran gelegen,
Daß alles wohl sich zieme, was geschieht.

en vain ; cet âge, où, sur la terre libre, les humains, comme de joyeux troupeaux, se répandaient pour jouir ; où un arbre antique, dans la prairie émaillée de fleurs, offrait son ombre au berger et à la bergère ; où de plus jeunes arbrisseaux entrelaçaient discrètement leurs branches flexibles, pour abriter les transports de l'amour ; où, tranquille et transparente, sur un sable toujours pur, l'onde obéissante embrassait mollement la nymphe ; où le serpent effarouché se perdait, sans nuire, dans le gazon ; où le faune hardi s'enfuyait, bientôt châtié par une vaillante jeunesse ; où chaque oiseau, dans le libre espace de l'air, où chaque animal, errant par les monts et les vallées, disait à l'homme : « Ce qui plaît est permis ! »

LA PRINCESSE. Mon ami, l'âge d'or est passé sans doute, mais les nobles cœurs le ramènent. Et, s'il faut t'avouer ce que je pense, l'âge d'or, dont le poëte a coutume de nous flatter, ce beau temps exista, ce me semble, aussi peu qu'il existe ; et, s'il fut jamais, il n'était assurément que ce qu'il peut toujours redevenir pour nous. Il est encore des âmes sympathiques, qui se rencontrent et jouissent ensemble de ce bel univers. Il ne faut, mon ami, que changer un seul mot dans la devise : « Ce qui est convenable est permis. »

LE TASSE. Ah ! si un tribunal universel, composé seulement d'hommes nobles et bons, décidait de ce qui convient, au lieu que chacun juge convenable ce qui lui profite !... Nous le voyons en effet, tout sied bien à l'homme puissant, à l'homme habile, et il se permet tout.

LA PRINCESSE. Veux-tu apprendre parfaitement ce qui convient, ne le demande qu'aux nobles femmes ; car il leur importe plus qu'à personne, que tout ce qui se passe soit bienséant. La conve-

Die Schicklichkeit umgiebt mit einer Mauer
Das zarte, leicht verletzliche Geschlecht.
Wo Sittlichkeit regiert, regieren sie,
Und wo die Frechheit herrscht, da sind sie nichts.
Und wirst du die Geschlechter beide fragen:
Nach Freiheit strebt der Mann, das Weib nach Sitte.
Tasso.
Du nennest uns unbändig, roh, gefühllos?
Prinzessin.
Nicht das! Allein ihr strebt nach fernen Gütern,
Und euer Streben muß gewaltsam sein.
Ihr wagt es für die Ewigkeit zu handeln,
Wenn wir ein einzig nah beschränktes Gut
Auf dieser Erde nur besitzen möchten
Und wünschen, daß es uns beständig bliebe.
Wir sind von keinem Männerherzen sicher,
Das noch so warm sich einmal uns ergab.
Die Schönheit ist vergänglich, die ihr doch
Allein zu ehren scheint. Was übrig bleibt,
Das reizt nicht mehr, und was nicht reizt ist todt.
Wenn's Männer gäbe, die ein weiblich Herz
Zu schätzen wüßten, die erkennen möchten,
Welch einen holden Schatz von Treu' und Liebe
Der Busen einer Frau bewahren kann,
Wenn das Gedächtniß einzig schöner Stunden
In euren Seelen lebhaft bleiben wollte,
Wenn euer Blick, der sonst durchdringend ist,
Auch durch den Schleier bringen könnte, den
Uns Alter oder Krankheit überwirft,
Wenn der Besitz, der ruhig machen soll,
Nach fremden Gütern euch nicht lüstern machte:
Dann wär' uns wohl ein schöner Tag erschienen,
Wir feierten dann unsre goldne Zeit.
Tasso.
Du sagst mir Worte, die in meiner Brust
Halb schon entschlafne Sorgen mächtig regen.
Prinzessin.
Was meinst du, Tasso! Rede frei mit mir.

nance entoure d'un rempart le sexe faible, aisément vulnérable. Où règne la moralité, les femmes règnent ; où domine la licence, elles ne sont rien ; et, si tu veux interroger l'un et l'autre sexe, tu verras que l'homme aspire à la liberté, la femme à la décence.

LE TASSE. Tu nous déclares indomptables, grossiers, insensibles ?

LA PRINCESSE. Non pas ! Mais vous poursuivez des biens éloignés, et il faut que votre poursuite soit violente. Vous hasardez d'agir pour l'immortalité, tandis que nous ne voudrions posséder sur cette terre qu'un unique bien, étroitement limité, en souhaitant qu'il nous reste toujours. Nous ne sommes jamais sûres du cœur d'un homme, avec quelque ardeur qu'il se soit donné à nous une fois. La beauté est passagère, et vous semblez n'avoir des hommages que pour elle. Ce qui reste ensuite ne charme plus, et ce qui ne charme plus est mort. S'il y avait des hommes capables d'apprécier un cœur de femme, de reconnaître quel précieux trésor d'amour et de fidélité le sein d'une femme peut receler ; si le souvenir des heures les plus belles pouvait rester vivant dans vos âmes ; si votre regard, généralement pénétrant, pouvait aussi percer le voile que jette sur nous l'âge ou la maladie ; si la possession, qui doit rendre paisible, ne vous rendait pas désireux de biens étrangers : alors certes un beau jour aurait lui pour nous, et nous pourrions célébrer notre âge d'or.

LE TASSE. Tu me tiens des discours qui réveillent vivement dans mon cœur des craintes déjà presque endormies.

LA PRINCESSE. O Tasse, quelle est ta pensée ? Parle-moi librement.

Tasso.
Oft hört' ich schon, und diese Tage wieder
Hab' ich's gehört, ja, hätt' ich's nicht vernommen,
So müßt' ich's denken: edle Fürsten streben
Nach deiner Hand! Was wir erwarten müssen,
Das fürchten wir und möchten schier verzweifeln.
Verlassen wirst du uns, es ist natürlich;
Doch wie wir's tragen wollen, weiß ich nicht.

Prinzessin.
Für diesen Augenblick seid unbesorgt!
Fast möcht' ich sagen: unbesorgt für immer.
Hier bin ich gern und gerne mag ich bleiben;
Noch weiß ich kein Verhältniß, das mich lockte;
Und wenn ihr mich denn ja behalten wollt,
So laßt es mir durch Eintracht sehn, und schafft
Euch selbst ein glücklich Leben, mir durch euch.

Tasso.
O lehre mich, das Mögliche zu thun!
Gewidmet sind dir alle meine Tage.
Wenn dich zu preisen, dir zu danken sich
Mein Herz entfaltet, dann empfind' ich erst
Das reinste Glück, das Menschen fühlen können;
Das Göttlichste erfuhr ich nur in dir.
So unterscheiden sich die Erdengötter
Vor andern Menschen, wie das hohe Schicksal
Vom Rath und Willen selbst der klügsten Männer
Sich unterscheidet. Vieles lassen sie,
Wenn wir gewaltsam Wog' auf Woge sehn,
Wie leichte Wellen, unbemerkt vorüber
Vor ihren Füßen rauschen, hören nicht
Den Sturm, der uns umsaust und niederwirft,
Vernehmen unser Flehen kaum, und lassen,
Wie wir beschränkten armen Kindern thun,
Mit Seufzern und Geschrei die Luft uns füllen.
Du hast mich oft, o Göttliche, geduldet,
Und wie die Sonne, trocknete dein Blick
Den Thau von meinen Augenliedern ab.

Prinzessin.
Es ist sehr billig, daß die Frauen dir

ACTE DEUXIÈME, SCÈNE PREMIÈRE.

LE TASSE. J'ai entendu souvent, et, ces jours derniers, j'entendais encore, et, quand même je ne l'aurais pas appris, encore le devrais-je imaginer... de nobles princes aspirent à ta main! Ce que nous devons prévoir, nous le craignons, et nous en sommes presque au désespoir. Tu nous quitteras, c'est une chose naturelle, mais comment nous le supporterons, c'est ce que j'ignore.

LA PRINCESSE. Pour le moment, soyez tranquilles. Je pourrais presque dire, soyez tranquilles pour toujours. Je me vois ici volontiers, et volontiers j'y resterai. Je ne sais encore aucune liaison qui puisse m'attirer; et, si vous voulez en effet me retenir, montrez-le-moi par la concorde; faites-vous à vous-mêmes une vie heureuse, et à moi par vous!

LE TASSE. Oh! enseigne-moi à faire ce qui est possible! Tous mes jours te sont consacrés. Quand mon cœur s'ouvre pour te louer, pour te rendre grâce, alors seulement je goûte la félicité la plus pure que l'homme puisse sentir; ce qu'il y a de plus divin, je ne le trouvai qu'en toi. Les dieux de la terre se distinguent des autres hommes, autant que le destin suprême se distingue du jugement et de la volonté des hommes même les plus sages. Quand nous voyons flots sur flots se heurter violemment, les princes laissent beaucoup de murmures passer inaperçus à leurs pieds, comme des ondes légères; ils n'entendent pas l'orage qui gronde autour de nous et nous renverse; nos prières parviennent à peine à leurs oreilles, et, comme nous le faisons envers de pauvres petits enfants, ils nous laissent remplir les airs de soupirs et de cris. Pour toi, ô femme divine, tu m'as souvent supporté, et, comme le soleil, ton regard a séché la rosée de mes paupières.

LA PRINCESSE. Il est bien juste que les femmes t'accueillent

Aufs freundlichste begegnen; es verherrlicht
Dein Lied auf manche Weise das Geschlecht.
Zart oder tapfer, hast du stets gewußt,
Sie liebenswerth und edel vorzustellen:
Und wenn Armide hassenswerth erscheint,
Versöhnt ihr Reiz und ihre Liebe bald.
Tasso.
Was auch in meinem Liede wiederklingt,
Ich bin nur Einer, Einer alles schuldig!
Es schwebt kein geistig unbestimmtes Bild
Vor meiner Stirne, das der Seele bald
Sich überglänzend nahte, bald entzöge.
Mit meinen Augen hab' ich es gesehn,
Das Urbild jeder Tugend, jeder Schöne;
Was ich nach ihm gebildet, das wird bleiben:
Tancredens Heldenliebe zu Chlorinden,
Erminiens stille, nicht bemerkte Treue,
Sophroniens Großheit und Olindens Noth,
Es sind nicht Schatten, die der Wahn erzeugte,
Ich weiß es, sie sind ewig, denn sie sind.
Und was hat mehr das Recht, Jahrhunderte
Zu bleiben und im Stillen fortzuwirken,
Als das Geheimniß einer edlen Liebe,
Dem holden Lied bescheiden anvertraut?
Prinzessin.
Und soll ich dir noch einen Vorzug sagen,
Den unvermerkt sich dieses Lied erschleicht?
Es lockt uns nach und nach, wir hören zu;
Wir hören und wir glauben zu verstehn,
Was wir verstehn, das können wir nicht tadeln,
Und so gewinnt uns dieses Lied zuletzt.
Tasso.
Welch einen Himmel öffnest du vor mir,
O Fürstin! Macht mich dieser Glanz nicht blind,
So seh' ich unverhofft ein ewig Glück
Auf goldnen Strahlen herrlich niedersteigen.
Prinzessin.
Nicht weiter, Tasso! Viele Dinge sind's,
Die wir mit Heftigkeit ergreifen sollen:

avec l'amitié la plus vive : ton poëme les célèbre de plusieurs manières. Tendres ou courageuses, tu as su toujours les représenter nobles et charmantes. Et, si Armide nous paraît digne de haine, ses attraits et son amour nous réconcilient bientôt avec elle.

LE TASSE. Tous les échos qui retentissent dans mes chants, c'est à une seule femme, à une seule, que je les dois. Ce que je vois planer devant mon front n'est point une image idéale, indécise, qui tantôt s'approche de l'âme avec un éclat éblouissant, tantôt se retire. Je l'ai vu de mes yeux le modèle de chaque vertu, de chaque beauté. Ce que j'ai peint d'après ce modèle subsistera. L'amour héroïque de Tancrède pour Clorinde, la silencieuse et secrète fidélité d'Herminie, la grandeur de Sophronie et la souffrance d'Olinde : ce ne sont pas des ombres que l'illusion enfanta, ce sont des choses immortelles, je le sais, parce qu'elles existent. Et qui a plus le droit de vivre des siècles, et de perpétuer son influence secrète, que le mystère d'un noble amour discrètement confié à l'aimable poésie ?

LA PRINCESSE. Et dois-je te dire encore un privilège que la poésie sait surprendre à notre insu ? Elle nous attire par degrés ; nous prêtons l'oreille ; nous écoutons et nous croyons comprendre ; ce que nous comprenons, nous ne pouvons le blâmer, et par là cette poésie nous subjugue à la fin.

LE TASSE. Quels cieux ouvres-tu devant moi, ô princesse ? Si leur éclat ne m'aveugle point, je vois un bonheur éternel, inespéré, descendre avec magnificence sur des rayons d'or.

LA PRINCESSE. O Tasse, ne va pas plus avant !... Il est beau-

Doch andre können nur durch Mäßigung
Und durch Entbehren unser eigen werden.
So, sagt man, sei die Tugend, sei die Liebe,
Die ihr verwandt ist. Das bedenke wohl!

Zweiter Auftritt.

Tasso.

Ist dir's erlaubt, die Augen aufzuschlagen?
Wagst du's umherzusehn? Du bist allein!
Vernahmen diese Säulen, was sie sprach?
Und hast du Zeugen, diese stummen Zeugen
Des höchsten Glücks zu fürchten? Es erhebt
Die Sonne sich des neuen Lebenstages,
Der mit den vorigen sich nicht vergleicht.
Hernieder steigend hebt die Göttin schnell
Den Sterblichen hinauf. Welch neuer Kreis
Entdeckt sich meinem Auge, welches Reich!
Wie köstlich wird der heiße Wunsch belohnt!
Ich träumte mich dem höchsten Glücke nah,
Und dieses Glück ist über alle Träume.
Der Blindgeborne denke sich das Licht,
Die Farben, wie er will; erscheinet ihm
Der neue Tag, ist's ihm ein neuer Sinn.
Voll Muth und Ahnung, freudetrunken schwankend
Betret' ich diese Bahn. Du giebst mir viel,
Du giebst wie Erd' und Himmel uns Geschenke
Mit vollen Händen übermäßig reichen,
Und forderst wieder, was von mir zu fordern
Nur eine solche Gabe dich berechtigt.
Ich soll entbehren, soll mich mäßig zeigen
Und so verdienen, daß du mir vertraust.
Was that ich je, daß sie mich wählen konnte?
Was soll ich thun, um ihrer werth zu sein?
Sie konnte dir vertraun, und dadurch bist du's.
Ja, Fürstin, deinen Worten, deinen Blicken
Sei ewig meine Seele ganz geweiht!

coup de choses que nous devons saisir avec ardeur; mais il en est d'autres que nous ne pouvons nous approprier que par la modération et le renoncement. Il en est ainsi de la vertu, nous dit-on, ainsi de l'amour, qui est son frère... Songes-y bien. (Elle sort.)

SCÈNE II.

LE TASSE (seul). Est-ce qu'il t'est permis d'ouvrir les yeux? Oses-tu regarder autour de toi? Tu es seul. Ces colonnes ont-elles entendu ce qu'elle disait? Et dois-tu craindre ces témoins, ces muets témoins, de ta félicité suprême? Il se lève le soleil du nouveau jour de ta vie, qui ne se peut comparer avec ceux qui l'ont précédé. En descendant jusqu'au mortel, la déesse l'élève soudain jusqu'à elle. Quelle sphère nouvelle se découvre à mes yeux! Quel empire! Que mon ardent désir est richement comblé! Je rêvais que j'approchais du bonheur suprême, et ce bonheur est au-dessus de tous les rêves. Que l'aveugle-né se figure la lumière, les couleurs, comme il voudra : quand le nouveau jour lui apparaît, c'est pour lui un nouveau sens. Plein de courage et d'espérances, ivre de joie et chancelant, j'entre dans cette carrière. Tu me donnes beaucoup; tu donnes, comme la terre et le ciel nous versent, sans mesure, leurs dons à pleines mains, et tu demandes en échange ce qu'un tel présent t'autorise seul à me demander. Il faut que je renonce, il faut que je me montre modéré, et qu'ainsi je mérite que tu te confies à moi. Qu'ai-je fait jamais, pour qu'elle ait pu me choisir? Que dois-je faire pour être digne d'elle? Elle a pu se fier à toi, et par là tu l'es. Oui, princesse, que mon âme soit pour jamais absolument vouée à tes paroles, à

Ja, fordre was du willst, denn ich bin dein!
Sie sende mich, Müh' und Gefahr und Ruhm
In fernen Landen aufzusuchen, reiche
Im stillen Hain die goldne Leier mir,
Sie weihe mich der Ruh' und ihrem Preis:
Ihr bin ich, bildend soll sie mich besitzen;
Mein Herz bewahrte jeden Schatz für Sie.
O hätt' ein tausendfaches Werkzeug mir
Ein Gott gegönnt, kaum drückt' ich dann genug
Die unaussprechliche Verehrung aus.
Des Malers Pinsel und des Dichters Lippe,
Die süßeste, die je von frühem Honig
Genährt war, wünscht' ich mir. Nein, künftig soll
Nicht Tasso zwischen Bäumen, zwischen Menschen
Sich einsam, schwach und trübgesinnt verlieren!
Er ist nicht mehr allein, er ist mit Dir.
O daß die edelste der Thaten sich
Hier sichtbar vor mich stellte, rings umgeben
Von gräßlicher Gefahr! Ich dränge zu
Und wagte gern das Leben, — das ich nun
Von ihren Händen habe, — forderte
Die besten Menschen mir zu Freunden auf,
Unmögliches mit einer edeln Schaar
Nach ihrem Wink und Willen zu vollbringen.
Voreiliger, warum verbarg dein Mund
Nicht das, was du empfandst, bis du dich werth
Und werther ihr zu Füßen legen konntest?
Das war dein Vorsatz, war dein kluger Wunsch.
Doch sei es auch! Viel schöner ist es, rein
Und unverdient ein solch Geschenk empfangen,
Als halb und halb zu wähnen, daß man wohl
Es habe fordern dürfen. Blicke freudig!
Es ist so groß, so weit, was vor dir liegt;
Und hoffnungsvolle Jugend lockt dich wieder
In unbekannte, lichte Zukunft hin!
— Schwelle, Brust! — O Witterung des Glücks,
Begünst'ge diese Pflanze doch einmal!
Sie strebt gen Himmel, tausend Zweige bringen
Aus ihr hervor, entfalten sich zu Blüthen.

tes regards. Oui, demande ce que tu veux, car je suis à toi !
Qu'elle m'envoie dans les pays lointains chercher le travail et le
danger et la gloire ; que, dans un secret bocage, elle me présente la lyre d'or ; qu'elle me consacre au repos et à son culte :
je suis à elle ; qu'elle me possède pour me former. Mon cœur
gardait pour elle tous ses trésors. Oh ! si un dieu m'avait accordé
des facultés multiples, elles suffiraient à peine pour exprimer
mon ineffable adoration. Je me souhaiterais le pinceau du peintre
et les lèvres du poète, les plus douces que jamais ait nourries le
miel précoce. Non, le Tasse n'ira plus à l'avenir se perdre solitaire, faible et sombre dans les forêts, parmi les hommes ! Il
n'est plus seul ; il est avec toi. Oh ! si la plus noble des entreprises s'offrait ici devant mes yeux, environnée d'affreux dangers !... Je courrais au-devant, et risquerais volontiers la vie, que
je tiens désormais de ses mains ; je solliciterais l'amitié des plus
vaillants hommes, pour accomplir l'impossible avec ces nobles
compagnons, sur son ordre et son geste. Homme impatient,
pourquoi ta bouche n'a-t-elle pas caché ce que tu sentais, jusqu'au jour où, digne et toujours plus digne d'elle, tu aurais pu
tomber à ses pieds ? C'était ton dessein, c'était ton sage désir.
Mais soit !... Il est bien plus beau de recevoir purement et sans
titre un pareil don, que d'imaginer, en quelque façon, qu'on aurait pu y prétendre. Regarde avec joie ! L'horizon qui s'étend devant toi est si grand et si vaste ! et la jeunesse riche d'espérance,
t'appelle de nouveau dans un mystérieux et brillant avenir. Oh !
gonfle-toi, mon cœur ! Secrètes influences du bonheur, favorisez
une fois cette plante ! Elle s'élance vers le ciel ; mille rameaux
sortent de sa tige, et s'épanouissent en fleurs. Oh ! qu'elle pro-

O daß sie Frucht, o daß sie Freuden bringe!
Daß eine liebe Hand den goldnen Schmuck
Aus ihren frischen, reichen Aesten breche!

Dritter Auftritt.

Tasso. Antonio.

Tasso.
Sei mir willkommen, den ich gleichsam jetzt
Zum erstenmal erblickte! Schöner ward
Kein Mann mir angekündet. Sei willkommen!
Dich kenn' ich nun und deinen ganzen Werth,
Dir biet' ich ohne Zögern Herz und Hand
Und hoffe, daß auch du mich nicht verschmähst.
Antonio.
Freigebig bietest du mir schöne Gaben,
Und ihren Werth erkenn' ich wie ich soll;
Drum laß mich zögern, eh' ich sie ergreife.
Weiß ich doch nicht, ob ich dir auch dagegen
Ein Gleiches geben kann. Ich möchte gern
Nicht übereilt und nicht undankbar scheinen:
Laß mich für beide klug und sorgsam sein.
Tasso.
Wer wird die Klugheit tadeln? Jeder Schritt
Des Lebens zeigt, wie sehr sie nöthig sei;
Doch schöner ist's, wenn uns die Seele sagt,
Wo wir der feinen Vorsicht nicht bedürfen.
Antonio.
Darüber frage jeder sein Gemüth,
Weil er den Fehler selbst zu büßen hat.
Tasso.
So sei's! Ich habe meine Pflicht gethan;
Der Fürstin Wort, die uns zu Freunden wünscht,
Hab' ich verehrt und mich dir vorgestellt.
Rückhalten durft' ich nicht, Antonio; doch gewiß,
Zudringen will ich nicht. Es mag denn sein,

duise des fruits! qu'elle produise la joie! Qu'une main chérie cueille la parure d'or sur ses frais et riches rameaux!

SCÈNE III.

LE TASSE, ANTONIO.

LE TASSE. Sois le bienvenu, toi qu'il me semble voir en ce moment pour la première fois! Jamais homme ne me fut annoncé sous de plus beaux présages. Sois le bienvenu! Je te connais maintenant, et tout ce que tu vaux. Je t'offre, sans hésiter, mon amitié et ma main, et toi aussi, je l'espère, tu ne me dédaigneras pas.

ANTONIO. Tu m'offres libéralement de nobles dons, et j'en reconnais le prix comme je dois. C'est pourquoi, laisse-moi réfléchir avant de les accepter. Je ne sais pas si je pourrais t'offrir en échange quelque chose qui les égale. Je voudrais bien ne paraître ni inconsidéré ni ingrat. Permets que je sois sage et prudent pour tous deux.

LE TASSE. Qui blâmera la prudence? Chaque pas dans la vie montre combien elle est nécessaire; mais il est plus beau que le cœur sache nous dire quand nous n'avons pas besoin de subtile prévoyance.

ANTONIO. Que chacun consulte là-dessus ses sentiments; car c'est lui-même qui doit expier la faute.

LE TASSE. Soit!... J'ai fait mon devoir; j'ai suivi avec respect les ordres de la princesse, qui désire que nous soyons amis, et je me suis offert à toi. Je ne devais pas rester en arrière, Antonio; mais assurément, je ne veux pas t'importuner. Qu'il en soit donc ainsi! Le temps et la fréquentation t'engageront peut-être à ré-

Zeit und Bekanntschaft heißen dich vielleicht
Die Gabe wärmer fordern, die du jetzt
So kalt bei Seite lehnst und fast verschmähst.
Antonio.
Der Mäßige wird öfters kalt genannt
Von Menschen, die sich warm vor andern glauben,
Weil sie die Hitze fliegend überfällt.
Tasso.
Du tadelst, was ich table, was ich meide.
Auch ich verstehe wohl, so jung ich bin,
Der Heftigkeit die Dauer vorzuziehn.
Antonio.
Sehr weislich! Bleibe stets auf diesem Sinne.
Tasso.
Du bist berechtigt, mir zu rathen, mich
Zu warnen, denn es steht Erfahrung dir
Als lang erprobte Freudin an der Seite.
Doch glaube nur, es horcht ein stilles Herz
Auf jedes Tages, jeder Stunde Warnung
Und übt sich ingeheim an jedem Guten,
Das deine Strenge neu zu lehren glaubt.
Antonio.
Es ist wohl angenehm, sich mit sich selbst
Beschäft'gen, wenn es nur so nützlich wäre.
Inwendig lernt kein Mensch sein Innerstes
Erkennen, denn er mißt nach eignem Maß
Sich bald zu klein und leider oft zu groß.
Der Mensch erkennt sich nur im Menschen, nur
Das Leben lehret jedem, was er sei.
Tasso.
Mit Beifall und Verehrung hör' ich dich.
Antonio.
Und dennoch denkst du wohl bei diesen Worten
Ganz etwas anders, als ich sagen will.
Tasso.
Auf diese Weise rücken wir nicht näher.
Es ist nicht klug, es ist nicht wohl gethan,
Vorsetzlich einen Menschen zu verkennen,
Er sei auch, wer er sei. Der Fürstin Wort

clamer plus chaudement le don que tu écartes aujourd'hui avec froideur, et que tu sembles presque dédaigner.

ANTONIO. L'homme modéré est souvent appelé froid par ceux qui se croient plus chauds que les autres, parce qu'une ardeur soudaine les saisit en passant.

LE TASSE. Tu blâmes ce que je blâme, ce que j'évite. Je sais bien aussi, tout jeune que je suis, préférer la durée à la vivacité.

ANTONIO. Parole très sage! Reste toujours dans ce sentiment.

LE TASSE. Tu as le droit de me conseiller, de m'avertir, car l'expérience demeure à ton côté, comme une amie longtemps éprouvée; mais crois bien qu'un cœur tranquille écoute les avis de chaque jour, de chaque heure, et s'exerce en secret à chacune des vertus que ton esprit sévère croit lui enseigner comme nouvelles.

ANTONIO. Il peut être agréable de s'occuper de soi-même : il faudrait seulement que ce fût profitable. Ce n'est point en lui-même que l'homme apprend à connaître le fond de son cœur; car il se juge avec sa propre mesure, quelquefois trop petite et souvent, hélas! trop grande. L'homme ne se connaît que dans les hommes; la vie peut seule apprendre à chacun ce qu'il est.

LE TASSE. Je t'écoute avec approbation et respect.

ANTONIO. Et cependant tu entends sous ces paroles tout autre chose que je ne veux dire.

LE TASSE. De cette manière nous ne pouvons nous rapprocher. Il n'est pas sage, il n'est pas équitable de méconnaître, à dessein, un homme, quel qu'il soit. Les ordres de la princesse étaient à

Bedurft' es kaum, leicht hab' ich dich erkannt:
Ich weiß, daß du das Gute willst und schaffst.
Dein eigen Schicksal läßt dich unbesorgt,
An andre denkst du, andern stehst du bei,
Und auf des Lebens leicht bewegter Woge
Bleibt dir ein stetes Herz. So seh' ich dich.
Und was wär' ich, ging' ich dir nicht entgegen,
Sucht' ich begierig nicht auch einen Theil
An dem verschloßnen Schatz, den du bewahrst?
Ich weiß, es reut dich nicht, wenn du dich öffnest;
Ich weiß, du bist mein Freund, wenn du mich kennst;
Und eines solchen Freunds bedurft' ich lange.
Ich schäme mich der Unerfahrenheit
Und meiner Jugend nicht. Still ruhet noch
Der Zukunft goldne Wolke mir ums Haupt.
O nimm mich, edler Mann, an deine Brust,
Und weihe mich, den Raschen, Unerfahrnen,
Zum mäßigen Gebrauch des Lebens ein.
     Antonio.
In Einem Augenblicke forderst du,
Was wohlbedächtig nur die Zeit gewährt.
     Tasso.
In Einem Augenblick gewährt die Liebe,
Was Mühe kaum in langer Zeit erreicht.
Ich bitt' es nicht von dir, ich darf es fordern.
Dich ruf' ich in der Tugend Namen auf,
Die gute Menschen zu verbinden eifert.
Und soll ich dir noch einen Namen nennen?
Die Fürstin hofft's, sie will's — Eleonore,
Sie will mich zu dir führen, dich zu mir.
O laß uns ihrem Wunsch entgegen gehn!
Laß uns verbunden vor die Göttin treten,
Ihr unsern Dienst, die ganze Seele bieten,
Vereint für sie das Würdigste zu thun.
Noch einmal! — Hier ist meine Hand! Schlag' ein!
Tritt nicht zurück und weigre dich nicht länger,
O edler Mann, und gönne mir die Wollust,
Die schönste guter Menschen, sich dem Bessern
Vertrauend ohne Rückhalt hinzugeben!

peine nécessaires; je t'ai deviné aisément. Je sais que tu veux et que tu fais le bien. Ta propre fortune te laisse sans inquiétude; tu penses aux autres; tu viens à leur aide, et ton cœur demeure inébranlable sur le flot inconstant de la vie. C'est ainsi que je te vois. Et que serais-je, si je n'allais pas au-devant de toi; si je ne recherchais pas aussi avec ardeur une part du trésor caché que tu tiens en réserve? Je sais que tu n'as pas regret de t'ouvrir; je sais que tu seras mon ami, quand tu me connaîtras; et depuis longtemps j'avais besoin d'un pareil ami. Je ne rougis point de mon inexpérience et de ma jeunesse. Le nuage doré de l'avenir repose encore doucement autour de ma tête. O noble Antonio, prends-moi sur ton cœur; initie le jeune homme fougueux, inexpérimenté, à l'usage modéré de la vie.

ANTONIO. Tu demandes en un moment ce que le temps n'accorde qu'après mûre réflexion.

LE TASSE. L'amitié accorde en un moment ce que le travail obtient à peine au bout d'un long temps. Je n'implore pas cette faveur de toi, j'ose la réclamer. Je t'adjure, au nom de la vertu, qui s'empresse d'unir les belles âmes. Et dois-je te nommer encore un nom? La princesse l'espère, elle le veut... Éléonore veut nous conduire l'un à l'autre. Allons au-devant de ses vœux! Montrons-nous unis devant la déesse; offrons-lui nos services, toute notre âme, afin de faire ensemble pour elle ce qui sera le plus digne de lui plaire. Encore une fois, voici ma main!... Prends-la! Ne recule pas, et ne refuse pas plus longtemps, noble Antonio, et accorde-moi la joie, la plus grande pour l'honnête homme de se donner avec confiance et sans réserve à l'homme qui vaut mieux que lui!

Antonio.
Du gehst mit vollen Segeln! Scheint es doch,
Du bist gewohnt, zu siegen, überall
Die Wege breit, die Pforten weit zu finden.
Ich gönne jeden Werth und jedes Glück
Dir gern; allein ich sehe nur zu sehr,
Wir stehn zu weit noch von einander ab.
Tasso.
Es sei an Jahren, an geprüftem Werth:
An frohem Muth und Willen weich' ich keinem.
Antonio.
Der Wille lockt die Thaten nicht herbei;
Der Muth stellt sich die Wege kürzer vor.
Wer angelangt am Ziel ist, wird gekrönt,
Und oft entbehrt ein Würd'ger eine Krone.
Doch giebt es leichte Kränze, Kränze giebt es
Von sehr verschiedner Art; sie lassen sich
Oft im Spazierengehn bequem erreichen.
Tasso.
Was eine Gottheit diesem frei gewährt
Und jenem streng versagt, ein solches Gut
Erreicht nicht jeder, wie er will und mag.
Antonio.
Schreib' es dem Glück vor andern Göttern zu,
So hör' ich's gern, denn seine Wahl ist blind.
Tasso.
Auch die Gerechtigkeit trägt eine Binde
Und schließt die Augen jedem Blendwerk zu.
Antonio.
Das Glück erhebe billig der Beglückte!
Er dicht' ihm hundert Augen fürs Verdienst
Und kluge Wahl und strenge Sorgfalt an,
Nenn' es Minerva, nenn' es, wie er will,
Er halte gnädiges Geschenk für Lohn,
Zufälligen Putz für wohlverdienten Schmuck.
Tasso.
Du brauchst nicht deutlicher zu sein. Es ist genug!
Ich blicke tief dir in das Herz und kenne
Fürs ganze Leben dich. O kennte so

ANTONIO. Tu vogues à pleines voiles! Il paraît bien que tu es accoutumé à vaincre, à trouver partout les voies larges, les portes ouvertes. Je te souhaite volontiers tous les mérites, tous les succès, mais, je le vois trop bien, nous sommes encore à une trop grande distance l'un de l'autre.

LE TASSE. Par les années, par le mérite éprouvé, je le veux bien : pour le joyeux courage et la bonne volonté, je ne le cède à personne.

ANTONIO. La bonne volonté n'entraîne pas les actions ; le courage se figure les chemins plus courts. Celui qui est arrivé au but est couronné, et souvent qui en est digne n'obtient pas de couronne. Mais il est des couronnes faciles ; il est des couronnes d'espèces très diverses ; elles s'obtiennent parfois commodément, au milieu d'une promenade.

LE TASSE. Ce qu'une divinité accorde à l'un librement et refuse sévèrement à l'autre, un tel avantage, chacun ne l'obtient pas comme il voudrait.

ANTONIO. Attribue-le à la Fortune plutôt qu'aux autres dieux : j'y souscrirai volontiers, car son choix est aveugle.

LE TASSE. La Justice porte aussi un bandeau, et ses yeux se ferment à tout prestige.

ANTONIO. Que l'homme fortuné se plaise à célébrer la fortune ; qu'il lui suppose cent yeux pour le mérite et un choix sage et des soins attentifs ; qu'il l'appelle Minerve ; qu'il l'appelle comme il voudra ; qu'il tienne une pure grâce comme une récompense, une parure de hasard comme un ornement bien mérité !

LE TASSE. Tu n'as pas besoin de parler plus clairement. Il suffit ! Je lis au fond de ton cœur et te connais pour toute la vie..Oh ! si

Dich meine Fürstin auch! Verschwende nicht
Die Pfeile deiner Augen, deiner Zunge!
Du richtest sie vergebens nach dem Kranze,
Dem unverwelklichen, auf meinem Haupt.
Sei erst so groß, mir ihn nicht zu beneiden!
Dann darfst du mir vielleicht ihn streitig machen.
Ich acht' ihn heilig und das höchste Gut:
Doch zeige mir den Mann, der das erreicht,
Wornach ich strebe, zeige mir den Helden,
Von dem mir die Geschichten nur erzählten;
Den Dichter stell' mir vor, der sich Homeren,
Virgilen sich vergleichen darf, ja, was
Noch mehr gesagt ist, zeige mir den Mann,
Der dreifach diesen Lohn verdiente, den
Die schöne Krone dreifach mehr als mich
Beschämte: dann sollst du mich knieend sehn
Vor jener Gottheit, die mich so begabte;
Nicht eher stünd' ich auf, bis sie die Zierde
Von meinem Haupt auf seins hinüber drückte.
Antonio.
Bis dahin bleibst du freilich ihrer werth.
Tasso.
Man wäge mich, das will ich nicht vermeiden;
Allein Verachtung hab' ich nicht verdient.
Die Krone, der mein Fürst mich würdig achtete,
Die meiner Fürstin Hand für mich gewunden,
Soll keiner mir bezweifeln noch begrinsen!
Antonio.
Es ziemt der hohe Ton, die rasche Gluth
Nicht dir zu mir, noch dir an diesem Orte.
Tasso.
Was du dir hier erlaubst, das ziemt auch mir.
Und ist die Wahrheit wohl von hier verbannt?
Ist im Palast der freie Geist gekerkert?
Hat hier ein edler Mensch nur Druck zu dulden?
Mich dünkt, hier ist die Hoheit erst an ihrem Platz,
Der Seele Hoheit! Darf sie sich der Nähe
Der Großen dieser Erde nicht erfreun?
Sie darf's und soll's. Wir nahen uns dem Fürsten

ma princesse te connaissait de même! Ne prodigue pas les traits que lancent tes yeux et ta langue! Tu les diriges vainement vers cette couronne impérissable, posée sur ma tête. Sois d'abord assez grand pour ne pas me l'envier! Peut-être ensuite oseras-tu me la disputer. Je la regarde comme sacrée et comme le bien suprême : cependant, montre-moi l'homme qui soit parvenu où je m'efforce d'arriver; montre-moi le héros dont les histoires m'aient parlé seulement; présente-moi le poète qui se puisse comparer à Homère, à Virgile; oui, pour dire plus encore, montre-moi l'homme qui ait mérité trois fois cette récompense, et que cette belle couronne ait, plus que moi, fait trois fois rougir : alors tu me verras à genoux devant la Divinité qui m'a fait ce don; je ne me lèverais pas avant qu'elle ait fait passer cet ornement de mon front sur celui de ce vainqueur.

ANTONIO. Jusque-là tu en es digne assurément.

LE TASSE. Que l'on me juge, je ne veux point m'y soustraire; mais je n'ai pas mérité le mépris. La couronne, dont mon prince m'a jugé digne, que la main de ma princesse a tressée pour moi, nul ne m'en fera un sujet de doute et de raillerie.

ANTONIO. Ce ton hautain, cette ardeur impétueuse, ne te sied pas avec moi, ne te sied pas dans ce lieu.

LE TASSE. Ce que tu te permets dans ce lieu me sied aussi à moi. Et la vérité en est-elle donc bannie? L'esprit indépendant est-il prisonnier dans ce palais? Ici, un noble cœur n'a-t-il plus qu'à souffrir l'oppression? Il me semble que la grandeur, la grandeur de l'âme, est ici surtout à sa place. Ne peut-elle obtenir l'avantage d'approcher les puissants de la terre? Elle le peut, elle le doit. Nous n'approchons du prince que par la noblesse, qui nous est venue de nos pères : pourquoi pas par le cœur, que

Durch Adel nur, der uns von Vätern kam;
Warum nicht durchs Gemüth, das die Natur
Nicht jedem groß verlieh, wie sie nicht jedem
Die Reihe großer Ahnherrn geben konnte.
Nur Kleinheit sollte hier sich ängstlich fühlen,
Der Neid, der sich zu seiner Schande zeigt:
Wie keiner Spinne schmutziges Gewebe
An diesen Marmorwänden haften soll.
Antonio.
Du zeigst mir selbst mein Recht, dich zu verschmähn!
Der übereilte Knabe will des Manns
Vertraun und Freundschaft mit Gewalt ertrotzen?
Unsittlich wie du bist, hältst du dich gut?
Tasso.
Viel lieber was ihr euch unsittlich nennt,
Als was ich mir unedel nennen müßte.
Antonio.
Du bist noch jung genug, daß gute Zucht
Dich eines bessern Wegs belehren kann.
Tasso.
Nicht jung genug, vor Götzen mich zu neigen,
Und Trotz mit Trotz zu bänd'gen, alt genug.
Antonio.
Wo Lippenspiel und Saitenspiel entscheiden,
Ziehst du als Held und Sieger wohl davon.
Tasso.
Verwegen wär' es, meine Faust zu rühmen,
Denn sie hat nichts gethan; doch ich vertrau' ihr.
Antonio.
Du traust auf Schonung, die dich nur zu sehr
Im frechen Laufe deines Glücks verzog.
Tasso.
Daß ich erwachsen bin, das fühl' ich nun;
Mit dir am wenigsten hätt' ich gewünscht
Das Wagespiel der Waffen zu versuchen:
Allein du schürest Gluth auf Gluth, es kocht
Das innre Mark, die schmerzliche Begier
Der Rache siedet schäumend in der Brust.
Bist du der Mann, der du dich rühmst, so steh' mir.

la nature n'a pas donné grand à chaque homme, de même qu'elle ne pouvait donner à chacun une suite de grands ancêtres ? La seule petitesse devrait ici se sentir gênée ; l'envie, qui se montre à sa honte, de même que la toile impure d'aucune araignée, ne doit jamais s'attacher à ces murs de marbre.

ANTONIO. Tu me montres toi-même mon droit à te dédaigner. L'enfant inconsidéré veut arracher de force la confiance et l'amitié de l'homme. Incivil comme tu l'es, te crois-tu bon ?

LE TASSE. J'aime bien mieux ce que vous appelez incivil que ce qu'il me faudrait appeler ignoble.

ANTONIO. Tu es encore assez jeune pour qu'une bonne discipline te puisse enseigner une meilleure voie.

LE TASSE. Pas assez jeune pour me courber devant les idoles, et assez mûr pour réprimer l'orgueil par l'orgueil.

ANTONIO. Où les lèvres et la lyre décideront, tu pourras sortir du combat en héros, en vainqueur.

LE TASSE. Je serais téméraire de vanter mon bras, car il n'a rien fait ; mais je me fie à lui.

ANTONIO. Tu te fies aux ménagements qui ne t'ont que trop gâté dans la marche insolente de ta fortune.

LE TASSE. Je suis homme, je le sens maintenant. C'est avec toi que j'aurais le moins souhaité d'essayer le sort des armes : mais tu attises braise sur braise. Je brûle jusqu'à la moelle. Le douloureux désir de la vengeance bouillonne écumant dans mon sein. Si tu es l'homme que tu prétends être, fais-moi tête !

Antonio.
Du weißt so wenig, wer, als wo du bist.
Tasso.
Kein Heiligthum heißt uns den Schimpf ertragen.
Du lästerst, du entweihest diesen Ort,
Nicht ich, der ich Vertraun, Verehrung, Liebe,
Das schönste Opfer, dir entgegen trug.
Dein Geist verunreint dieses Paradies,
Und deine Worte diesen reinen Saal,
Nicht meines Herzens schwellendes Gefühl,
Das braust, den kleinsten Flecken nicht zu leiden.
Antonio.
Welch hoher Geist in einer engen Brust!
Tasso.
Hier ist noch Raum, dem Busen Luft zu machen.
Antonio.
Es macht das Volk sich auch mit Worten Luft.
Tasso.
Bist du ein Edelmann wie ich, so zeig' es.
Antonio.
Ich bin es wohl, doch weiß ich, wo ich bin.
Tasso.
Komm mit herab, wo unsre Waffen gelten.
Antonio.
Wie du nicht fordern solltest, folg' ich nicht.
Tasso.
Der Feigheit ist solch Hinderniß willkommen.
Antonio.
Der Feige droht nur, wo er sicher ist.
Tasso.
Mit Freuden kann ich diesem Schutz entsagen.
Antonio.
Vergieb dir nur, dem Ort vergiebst du nichts.
Tasso.
Verzeihe mir der Ort, daß ich es litt.
(Er zieht den Degen.)
Zieh oder folge, wenn ich nicht auf ewig,
Wie ich dich hasse, dich verachten soll.

ANTONIO. Tu sais aussi peu qui tu es que le lieu où tu es.

LE TASSE. Aucun sanctuaire ne nous commande de supporter l'outrage. C'est toi qui insultes, qui profanes ce lieu ; ce n'est pas moi, moi qui venais t'offrir confiance, respect, amitié, le plus bel hommage ; c'est ton esprit qui infecte ce paradis, et tes paroles cette salle pure, et non les sentiments tumultueux de mon cœur, qui se soulève à l'idée de souffrir la moindre tache.

ANTONIO. Quel esprit hautain dans un cœur étroit !

LE TASSE. Il est encore ici de l'espace pour mettre ce cœur à l'aise.

ANTONIO. Le vulgaire se met aussi à l'aise avec des mots.

LE TASSE. Si tu es gentilhomme ainsi que moi, fais-le voir.

ANTONIO. Je le suis certes, mais je sais où je suis.

LE TASSE. Viens avec moi là-bas, où nous pourrons user de nos armes.

ANTONIO. Comme tu ne devais pas m'appeler, je ne te suivrai pas.

LE TASSE. Un pareil obstacle est bienvenu pour la lâcheté.

ANTONIO. Le lâche ne menace qu'en lieu sûr.

LE TASSE. Je puis renoncer avec joie à cette sauvegarde.

ANTONIO. Ménage-toi du moins, si tu ne ménages pas le lieu où nous sommes.

LE TASSE. Que ce lieu me pardonne de l'avoir souffert ! (Il met l'épée à la main.) En garde ! ou suis-moi, si tu ne veux pas que je te méprise éternellement, comme je te hais !

Vierter Auftritt.

Alphons. Die Vorigen.

Alphons.
In welchem Streit treff' ich euch unerwartet?
Antonio.
Du findest mich, o Fürst, gelassen stehn
Vor einem, den die Wuth ergriffen hat.
Tasso.
Ich bete dich als eine Gottheit an,
Daß du mit Einem Blick mich warnend bändigst.
Alphons.
Erzähl', Antonio, Tasso, sag' mir an,
Wie hat der Zwist sich in mein Haus gedrungen?
Wie hat er euch ergriffen, von der Bahn
Der Sitten, der Gesetze, kluge Männer,
Im Taumel weggerissen? Ich erstaune.
Tasso.
Du kennst uns beide nicht, ich glaub' es wohl:
Hier dieser Mann, berühmt als klug und sittlich,
Hat roh und hämisch, wie ein unerzogner,
Unedler Mensch, sich gegen mich betragen.
Zutraulich naht' ich ihm, er stieß mich weg;
Beharrlich liebend drang ich mich zu ihm,
Und bitter, immer bitterer ruht' er nicht,
Bis er den reinsten Tropfen Bluts in mir
Zu Galle wandelte. Verzeih! Du hast mich hier
Als einen Wüthenden getroffen. Dieser
Hat alle Schuld, wenn ich mich schuldig machte.
Er hat die Gluth gewaltsam angefacht,
Die mich ergriff und mich und ihn verletzte.
Antonio.
Ihn riß der hohe Dichterschwung hinweg!
Du hast, o Fürst, zuerst mich angeredet,
Hast mich gefragt: es sei mir nun erlaubt,
Nach diesem raschen Redner auch zu sprechen.

SCÈNE IV.

ANTONIO, ALPHONSE, LE TASSE.

ALPHONSE. Dans quel débat vous trouvé-je soudain?

ANTONIO. Tu me vois tranquille, ô prince, devant un homme que la fureur a saisi.

LE TASSE. Je t'adore comme une divinité, et, d'un seul regard, tu m'avertis, tu m'enchaînes.

ALPHONSE. Parle, Antonio ; dis-moi, Tasse, comment la discorde a pénétré dans ma maison. Comment vous a-t-elle saisis ? Comment vous a-t-elle entraînés dans son délire, vous, hommes sages, loin du sentier des convenances et des lois ? Je suis confondu.

LE TASSE. Tu ne nous connais pas tous deux, je le crois bien. Cet homme que voici, renommé comme sage et convenable, s'est conduit envers moi avec grossièreté et malice, en homme sans noblesse et sans éducation. Je l'ai abordé avec confiance, il m'a repoussé ; je l'ai sollicité avec instance, avec amitié; et lui, amer et toujours plus amer, il n'a pas eu de repos qu'il n'eût changé en fiel le plus pur de mon sang. Pardonne! Tu m'as trouvé ici comme un furieux. A lui tout le crime, si je me suis rendu criminel. Il a, par sa violence, attisé la flamme qui m'a saisi et qui nous a blessés tous deux.

ANTONIO. Le sublime élan poétique l'a entraîné. O prince, tu t'es d'abord adressé à moi ; tu m'as interrogé : qu'il me soit permis de parler à mon tour après ce fougueux orateur.

Tasso.
O ja, erzähl', erzähl' von Wort zu Wort!
Und kannst du jede Sylbe, jede Miene
Vor diesen Richter stellen, wag' es nur!
Beleidige dich selbst zum zweitenmale,
Und zeuge wider dich! Dagegen will
Ich keinen Hauch und keinen Pulsschlag läugnen.

Antonio.
Wenn du noch mehr zu reden hast, so sprich:
Wo nicht, so schweig und unterbrich mich nicht.
Ob ich, mein Fürst, ob dieser heiße Kopf
Den Streit zuerst begonnen? wer es sei,
Der Unrecht hat, ist eine weite Frage,
Die wohl zuvörderst noch auf sich beruht.

Tasso.
Wie das? Mich dünkt, das ist die erste Frage,
Wer von uns beiden Recht und Unrecht hat.

Antonio.
Nicht ganz, wie sich's der unbegränzte Sinn
Gedenken mag.

Alphons.
Antonio!

Antonio.
Gnädigster,
Ich ehre deinen Wink, doch laß ihn schweigen;
Hab' ich gesprochen, mag er weiter reden;
Du wirst entscheiden. Also sag' ich nur:
Ich kann mit ihm nicht rechten, kann ihn weder
Verklagen, noch mich selbst vertheid'gen, noch
Ihm jetzt genugzuthun mich anerbieten.
Denn wie er steht, ist er kein freier Mann.
Es waltet über ihm ein schwer Gesetz,
Das deine Gnade höchstens lindern wird.
Er hat mir hier gedroht, hat mich gefordert;
Vor dir verbarg er kaum das nackte Schwert.
Und tratst du, Herr, nicht zwischen uns herein,
So stünde jetzt auch ich als pflichtvergessen,
Mitschuldig und beschämt vor deinem Blick.

ACTE DEUXIÈME, SCÈNE QUATRIÈME.

LE TASSE. Oh oui ! rapporte, rapporte mot pour mot ; et, si tu peux exposer devant ce juge chaque syllabe, chaque geste, ose-le seulement ! ose te flétrir une seconde fois toi-même, et témoigne contre toi ! Je ne veux pas démentir un souffle, un battement d'artère.

ANTONIO. Si tu as quelque chose à dire encore, parle ; sinon, tais-toi et ne m'interromps pas. Si c'est moi, mon prince, ou cette tête chaude qui a commencé la querelle, quel est celui qui a tort : c'est une grande question, qui, préalablement, demeure encore indécise.

LE TASSE. Comment cela ? Il me semble que la première question est de savoir qui de nous deux a tort ou raison.

ANTONIO. Pas tout à fait, comme peut le supposer l'esprit sans retenue.

ALPHONSE. Antonio !

ANTONIO. Monseigneur, je respecte un signe de ta volonté, mais fais qu'il se taise. Quand j'aurai parlé, il pourra répondre : tu décideras. Je dirai donc seulement que je ne peux lutter avec lui ; je ne puis ni l'accuser ni me défendre moi-même, ni m'offrir à lui donner maintenant satisfaction ; car, tel que le voilà, il n'est pas libre. Il est dominé par une loi sévère, que ta bonté pourra tout au plus adoucir. Il m'a menacé dans ce lieu, il m'a défié. C'est à peine s'il a caché devant toi son épée nue ; et, si tu n'étais pas survenu entre nous, seigneur, moi-même je paraîtrais maintenant coupable, complice et humilié devant toi.

Alphons (zu Tasso).
Du hast nicht wohlgethan.
Tasso.
Mich spricht, o Herr,
Mein eigen Herz, gewiß auch deines frei.
Ja, es ist wahr, ich drohte, forderte,
Ich zog. Allein, wie tückisch seine Zunge
Mit wohlgewählten Worten mich verletzt,
Wie scharf und schnell sein Zahn das feine Gift
Mir in das Blut geflößt, wie er das Fieber
Nur mehr und mehr erhitzt — du denkst es nicht!
Gelassen, kalt, hat er mich ausgehalten,
Aufs Höchste mich getrieben. O! du kennst,
Du kennst ihn nicht und wirst ihn niemals kennen!
Ich trug ihm warm die schönste Freundschaft an;
Er warf mir meine Gaben vor die Füße;
Und hätte meine Seele nicht geglüht,
So war sie deiner Gnade, deines Dienstes
Auf ewig unwerth. Hab' ich des Gesetzes
Und dieses Orts vergessen, so verzeih.
Auf keinem Boden darf ich niedrig sein,
Erniedrigung auf keinem Boden dulden.
Wenn dieses Herz, es sei auch, wo es will,
Dir fehlt und sich, dann strafe, dann verstoße,
Und laß mich nie dein Auge wiedersehn.
Antonio.
Wie leicht der Jüngling schwere Lasten trägt
Und Fehler wie den Staub vom Kleide schüttelt!
Es wäre zu verwundern, wenn die Zauberkraft
Der Dichtung nicht bekannter wäre, die
Mit dem Unmöglichen so gern ihr Spiel
Zu treiben liebt. Ob du auch so, mein Fürst,
Ob alle deine Diener diese That
So unbedeutend halten, zweifl' ich fast.
Die Majestät verbreitet ihren Schutz
Auf jeden, der sich ihr wie einer Gottheit
Und ihrer unverletzten Wohnung naht.
Wie an dem Fuße des Altars, bezähmt
Sich auf der Schwelle jede Leidenschaft.

ALPHONSE (au Tasse). Tu n'as pas bien agi.

LE TASSE. O prince, mon propre cœur m'absout, et sans doute aussi le tien. Oui, c'est vrai, je l'ai menacé, défié, j'ai tiré l'épée. Mais avec quelle perfidie sa langue m'a blessé par des mots adroitement choisis ; comme ses dents acérées et rapides ont versé le subtil poison dans mon sang ; comme il a de plus en plus allumé la fièvre... tu ne peux l'imaginer ! Impassible et froid, il m'a rebuté, il m'a poussé aux dernières limites. Oh ! non, tu ne le connais pas, et tu ne le connaîtras jamais. Je lui offrais avec chaleur l'amitié la plus belle ; il a jeté mes présents à mes pieds, et, si mon âme n'eût été révoltée, j'étais à jamais indigne de ta faveur, de ton service. Si j'ai oublié la loi et ce lieu, pardonne-moi ! Nulle part au monde je ne puis souffrir l'avilissement. Si ce cœur, en quelque lieu que ce soit, peut te manquer et se manquer à lui-même, alors punis-moi, alors chasse-moi, et ne permets pas que je revoie jamais ton visage.

ANTONIO. Avec quelle aisance ce jeune homme porte un pesant fardeau et secoue ses fautes, comme la poussière de son vêtement ! Il y aurait de quoi s'étonner, si l'on connaissait moins le pouvoir magique de la poésie, qui aime tant à jouer avec l'impossible. Mais toi, mon prince, mais tous tes serviteurs, jugerez-vous de même cette action si insignifiante ? J'ai quelque peine à le croire. La majesté étend sa protection sur tout homme qui s'approche d'elle, comme d'une divinité et de son inviolable demeure. Comme au pied de l'autel, chaque passion s'apaise sur le seuil. Là ne

Da blinkt kein Schwert, da fällt kein drohend Wort,
Da fordert selbst Beleid'gung keine Rache.
Es bleibt das weite Feld ein offner Raum
Für Grimm und Unversöhnlichkeit genug.
Dort wird kein Feiger drohn, kein Mann wird fliehn.
Hier diese Mauern haben deine Väter
Auf Sicherheit gegründet, ihrer Würde
Ein Heiligthum befestigt, diese Ruhe
Mit schweren Strafen ernst und klug erhalten;
Verbannung, Kerker, Tod ergriff den Schuldigen.
Da war kein Ansehn der Person, es hielt
Die Milde nicht den Arm des Rechts zurück;
Und selbst der Frevler fühlte sich geschreckt.
Nun sehen wir nach langem schönem Frieden
In das Gebiet der Sitten rohe Wuth
Im Taumel wiederkehren. Herr, entscheide,
Bestrafe! denn wer kann in seiner Pflicht
Beschränkten Gränzen wandeln, schützet ihn
Nicht das Gesetz und seines Fürsten Kraft?

Alphons.

Mehr, als ihr beide sagt und sagen könnt,
Läßt unparteiisch das Gemüth mich hören.
Ihr hättet schöner eure Pflicht gethan,
Wenn ich dieß Urtheil nicht zu sprechen hätte.
Denn hier sind Recht und Unrecht nah verwandt.
Wenn dich Antonio beleidigt hat,
So hat er dir auf irgend eine Weise
Genugzuthun, wie du es fordern wirst.
Mir wär' es lieb, ihr wähltet mich zum Austrag.
Indessen, dein Vergehen macht, o Tasso,
Dich zum Gefangnen. Wie ich dir vergebe,
So lindr' ich das Gesetz um beinetwillen.
Verlaß' uns, Tasso! bleib' auf deinem Zimmer,
Von dir und mit dir selbst allein bewacht.

Tasso.

Ist dieß, o Fürst, dein richterlicher Spruch?

Antonio.

Erkennest du des Vaters Milde nicht?

brille aucune épée, là n'échappe aucune parole menaçante, là l'offensé même ne demande point vengeance. Les vastes campagnes offrent encore un assez grand espace pour la colère et l'implacable haine. Là aucun lâche ne menacera, aucun brave ne fuira. Mais tes ancêtres ont bâti ces murailles sur la sécurité ; ils ont fondé ce sanctuaire pour leur dignité ; ils ont sagement et sévèrement maintenu ce repos avec des châtiments rigoureux : le bannissement, la prison, la mort atteignaient le coupable. On n'avait point égard à la personne : la clémence n'arrêtait point le bras de la justice, et le coupable lui-même se sentait effrayé. Maintenant nous voyons, après une longue et belle paix, une fureur brutale reparaître en délire dans l'asile des mœurs. Seigneur, décide, châtie ! Qui peut en effet marcher dans les bornes étroites de son devoir, si la loi, si le pouvoir du prince ne le protègent ?

ALPHONSE. Plus que vous ne le dites et ne pouvez le dire tous deux, mon cœur me permet d'écouter d'une manière impartiale. Vous eussiez mieux fait votre devoir, si je n'avais pas à prononcer cet arrêt ; car ici le tort et le droit se touchent de bien près. Si Antonio t'a offensé, il devra, de quelque manière, te donner satisfaction, comme tu le demanderas. Il me serait agréable que vous me choisissiez pour arbitre. Cependant, ô Tasse, ta faute mérite la prison. Comme je t'excuse, j'adoucis la loi en ta faveur. Laisse-nous ; reste dans ta chambre, seul et sans autre garde que toi-même.

LE TASSE. Est-ce là, ô prince, ta sentence ?

ANTONIO. Ne reconnais-tu pas la douceur d'un père ?

Tasso (zu Antonio).
Mit dir hab' ich vorerst nichts mehr zu reden.
(Zu Alphons.)
O Fürst, es übergiebt dein ernstes Wort
Mich Freien der Gefangenschaft. Es sei!
Du hältst es Recht. Dein heilig Wort verehrend,
Heiß' ich mein innres Herz im Tiefsten schweigen.
Es ist mir neu, so neu, daß ich fast dich
Und mich und diesen Ort nicht kenne.
Doch diesen kenn' ich wohl! — Gehorchen will ich,
Ob ich gleich hier noch manches sagen könnte
Und sagen sollte. Mir verstummt die Lippe.
War's ein Verbrechen? Wenigstens es scheint,
Ich bin als ein Verbrecher angesehn;
Und, was mein Herz auch sagt, ich bin gefangen.

Alphons.
Du nimmst es höher, Tasso, als ich selbst.

Tasso.
Mir bleibt es unbegreiflich, wie es ist;
Zwar unbegreiflich nicht, ich bin kein Kind;
Ich meine fast, ich müßt' es denken können.
Auf einmal winkt mich eine Klarheit an,
Doch augenblicklich schließt sich's wieder zu,
Ich höre nur mein Urtheil, beuge mich.
Das sind zu viel vergebne Worte schon!
Gewöhne dich von nun an zu gehorchen;
Ohnmächt'ger! du vergaßest, wo du standst;
Der Götter Saal schien dir auf gleicher Erde,
Nun überwältigt dich der jähe Fall.
Gehorche gern, denn es geziemt dem Manne,
Auch willig das Beschwerliche zu thun.
Hier nimm den Degen erst, den du mir gabst,
Als ich dem Cardinal nach Frankreich folgte;
Ich führt' ihn nicht mit Ruhm, doch nicht mit Schande,
Auch heute nicht. Der hoffnungsvollen Gabe
Entäußr' ich mich mit tief gerührtem Herzen.

Alphons.
Wie ich zu dir gesinnt bin, fühlst du nicht.

LE TASSE (à Antonio). Je n'ai plus, pour le moment, à parler avec toi. (A Alphonse). O prince, ta parole sévère me condamne, moi, homme libre, à la captivité. Soit! Tu le crois juste. Respectant ton ordre sacré, j'impose à mon cœur le plus profond silence. Ceci est nouveau pour moi, si nouveau, que je reconnais à peine et mon prince et moi-même et ce beau lieu. Mais cet homme, je le connais bien!... Je veux obéir, quand même je pourrais dire et devrais dire ici bien des choses encore. Mes lèvres restent muettes. Était-ce un crime? Il paraît du moins que je suis considéré comme un criminel, et, quoi que mon cœur me dise, je suis prisonnier.

ALPHONSE. O Tasse, tu prends la chose plus sérieusement que moi-même.

LE TASSE. Elle reste incompréhensible pour moi... Non pas incompréhensible!... Je ne suis pas un enfant; je crois même que j'aurais pu me la figurer. Tout à coup une clarté me luit, mais elle disparaît aussitôt. Je n'entends que mon arrêt: je m'incline. Voilà déjà trop de paroles inutiles! Accoutume-toi désormais à obéir, chétive créature! Tu oubliais en quel lieu tu te trouves. Le palais des dieux te semblait au niveau de la terre, et une chute rapide t'entraîne. Obéis de bon cœur, car il sied à l'homme de faire sans répugnance, même une chose pénible. (A Alphonse.) Reçois d'abord l'épée que tu me donnas quand je suivis le cardinal en France. Je l'ai portée sans gloire, mais sans honte, même aujourd'hui. Ce don, plein d'espérance, je m'en dépouille, avec un cœur profondément ému.

ALPHONSE. Tu ne sens pas comme je suis disposé pour toi.

Tasso.

Gehorchen ist mein Loos und nicht, zu denken!
Und leider eines herrlichen Geschenks
Verläugnung fordert das Geschick von mir.
Die Krone kleidet den Gefangnen nicht:
Ich nehme selbst von meinem Haupt die Zierde,
Die für die Ewigkeit gegönnt mir schien.
Zu früh war mir das schönste Glück verliehen
Und wird, als hätt' ich sein mich überhoben,
Mir nur zu bald geraubt.
Du nimmst dir selbst, was keiner nehmen konnte,
Und was kein Gott zum zweitenmale giebt.
Wir Menschen werden wunderbar geprüft;
Wir könnten's nicht ertragen, hätt' uns nicht
Den holden Leichtsinn die Natur verliehn.
Mit unschätzbaren Gütern lehret uns
Verschwenderisch die Noth gelassen spielen:
Wir öffnen willig unsre Hände, daß
Unwiederbringlich uns ein Gut entschlüpfe.
Mit diesem Kuß vereint sich eine Thräne
Und weiht dich der Vergänglichkeit! Es ist
Erlaubt, das holde Zeichen unsrer Schwäche.
Wer weinte nicht, wenn das Unsterbliche
Vor der Zerstörung selbst nicht sicher ist?
Geselle dich zu diesem Degen, der
Dich leider nicht erwarb; um ihn geschlungen,
Ruhe, wie auf dem Sarg der Tapfern, auf
Dem Grabe meines Glücks und meiner Hoffnung!
Hier leg' ich beide willig dir zu Füßen;
Denn wer ist wohl gewaffnet, wenn du zürnst?
Und wer geschmückt, o Herr, den du verkennst?
Gefangen geh' ich, warte des Gerichts.
(Auf des Fürsten Wink hebt ein Page den Degen mit dem Kranze auf
und trägt ihn weg.)

LE TASSE. Mon lot est d'obéir et non de penser! Hélas, et le sort exige de moi que je renonce à un plus magnifique présent. La couronne n'est pas l'insigne du prisonnier : j'enlève moi-même de mon front l'ornement qui me semblait décerné pour l'immortalité. Il me fut dispensé trop tôt ce suprême bonheur, et, comme si je m'en étais prévalu, il ne m'est que trop tôt ravi. Tu t'enlèves à toi-même ce que nul ne pouvait t'enlever, et ce qu'un Dieu ne donne pas deux fois. Nous sommes étrangement éprouvés, nous autres hommes! Nous ne pourrions le supporter, si la nature ne nous avait accordé la bienfaisante légèreté d'esprit. La nécessité nous instruit à jouer négligemment, comme des prodigues, avec des biens inestimables. Nous ouvrons les mains sans contrainte, pour laisser irrévocablement échapper un trésor... A ce baiser s'unit une larme, qui te consacre à la fragilité ! Il est permis, ce tendre signe de notre faiblesse ! Qui ne verserait des pleurs, à voir que les biens immortels ne sont pas eux-mêmes à l'abri de la destruction ? Joins-toi à cette épée, qui malheureusement ne t'avait pas conquise. Entrelacée autour d'elle, repose, comme sur le cercueil du brave, sur le tombeau de mon bonheur et de mon espérance ! Je les dépose l'une et l'autre volontairement à tes pieds. Car quel homme est assez armé contre ta colère ? Et quel ornement, monseigneur, sied à celui que tu méconnais ? Je vais en prison, j'attends le jugement. (Sur un signe du Prince, un Page ramasse et emporte l'épée et la couronne.)

Fünfter Auftritt.

Alphons. Antonio.

Antonio.
Wo schwärmt der Knabe hin? Mit welchen Farben
Malt er sich seinen Werth und sein Geschick?
Beschränkt und unerfahren hält die Jugend
Sich für ein einzig auserwähltes Wesen
Und alles über alle sich erlaubt.
Er fühle sich gestraft, und strafen heißt
Dem Jüngling wohlthun, daß der Mann uns danke.
Alphons.
Er ist gestraft, ich fürchte, nur zu viel.
Antonio.
Wenn du gelind mit ihm verfahren magst,
So gieb, o Fürst, ihm seine Freiheit wieder,
Und unsern Zwist entscheide dann das Schwert.
Alphons.
Wenn es die Meinung fordert, mag es sein.
Doch sprich, wie hast du seinen Zorn gereizt?
Antonio.
Ich wüßte kaum zu sagen, wie's geschah.
Als Menschen hab' ich ihn vielleicht gekränkt,
Als Edelmann hab' ich ihn nicht beleidigt;
Und seinen Lippen ist im größten Zorne
Kein sittenloses Wort entflohn.
Alphons.
So schien
Mir euer Streit, und was ich gleich gedacht,
Bekräftigt deine Rede mir noch mehr.
Wenn Männer sich entzweien, hält man billig
Den Klügsten für den Schuldigen. Du solltest
Mit ihm nicht zürnen; ihn zu leiten, stünde
Dir besser an. Noch immer ist es Zeit:
Hier ist kein Fall, der euch zu streiten zwänge.
So lang' mir Friede bleibt, so lange wünsch' ich
In meinem Haus ihn zu genießen. Stelle

SCÈNE V:

ALPHONSE, ANTONIO.

ANTONIO. Où s'égare ce jeune homme? Avec quelles couleurs se représente-t-il son mérite et son sort? Bornée et sans expérience, la jeunesse se regarde comme une nature excellente et choisie, et se permet tout avec chacun. Qu'il se sente puni. Punir, c'est faire du bien au jeune homme, pour qu'il nous en remercie dans l'âge mûr.

ALPHONSE. Sa punition, je le crains, n'est que trop sévère.

ANTONIO. Si tu veux le traiter avec indulgence, ô prince, rends-lui sa liberté, et que l'épée décide notre querelle.

ALPHONSE. Si l'opinion l'exige, je le veux bien. Mais dis-moi comment tu as excité sa colère.

ANTONIO. A peine saurais-je dire comment cela s'est fait. Comme homme je l'ai peut-être mortifié; comme gentilhomme je ne l'ai pas offensé; et, dans sa plus grande colère, aucune parole outrageante ne s'est échappée de ses lèvres.

ALPHONSE. C'est ainsi que j'avais jugé de votre débat, et, ce que j'avais supposé d'abord, tes paroles me le confirment encore. Quand deux hommes se querellent, on regarde avec raison le plus sage comme le coupable. Tu ne devais pas t'échauffer avec lui; il te siérait mieux de le diriger. Il en est temps encore. Il n'y a point ici de circonstance qui vous oblige à combattre. Aussi longtemps que la paix me demeure, je souhaite d'en jouir dans

Die Ruhe wieder her; du kannst es leicht.
Lenore Sanvitale mag ihn erst
Mit zarter Lippe zu besänft'gen suchen:
Dann tritt zu ihm, gieb ihm in meinem Namen
Die volle Freiheit wieder, und gewinne
Mit edeln, wahren Worten sein Vertraun.
Verrichte das, sobald du immer kannst;
Du wirst als Freund und Vater mit ihm sprechen.
Noch eh' wir scheiden will ich Friede wissen.
Und dir ist nichts unmöglich, wenn du willst.
Wir bleiben lieber eine Stunde länger
Und lassen dann die Frauen sanft vollenden,
Was du begannst; und kehren wir zurück,
So haben sie von diesem raschen Eindruck
Die letzte Spur vertilgt. Es scheint, Antonio,
Du willst nicht aus der Uebung kommen! Du
Hast Ein Geschäft kaum erst vollendet, nun
Kehrst du zurück und schaffst dir gleich ein neues.
Ich hoffe, daß auch dieses dir gelingt.

Antonio.
Ich bin beschämt und seh' in deinen Worten,
Wie in dem klarsten Spiegel, meine Schuld!
Gar leicht gehorcht man einem edlen Herrn,
Der überzeugt, indem er uns gebietet.

Dritter Aufzug.

Erster Auftritt.

Prinzessin (allein).

Wo bleibt Eleonore? Schmerzlicher
Bewegt mir jeden Augenblick die Sorge
Das tiefste Herz. Kaum weiß ich, was geschah,
Kaum weiß ich, wer von beiden schuldig ist.
O daß sie käme! Möcht' ich doch nicht gern
Den Bruder nicht, Antonio nicht sprechen,
Eh' ich gefaßter bin, eh' ich vernommen,
Wie alles steht, und was es werden kann.

ma maison. Rétablis le calme : tu le peux facilement. Éléonore Sanvitale peut chercher d'abord à l'apaiser par son doux langage ; va le joindre ensuite ; rends-lui, en mon nom, une entière liberté, et gagne sa confiance par de nobles et sincères paroles. Termine cette affaire aussi promptement que tu pourras. Tu lui parleras comme un ami et un père. Avant notre départ, je veux savoir la paix conclue ; et, si tu le veux, il n'est rien d'impossible pour toi. Nous resterons, s'il le faut, une heure de plus, et nous laisserons ensuite les dames achever doucement ce que tu auras commencé ; et, quand nous reviendrons, elles auront effacé la dernière trace de ces rapides impressions. Il semble, Antonio, que tu veuilles t'entretenir la main : tu viens à peine de terminer une affaire, tu reviens, et aussitôt tu t'en fais une nouvelle. J'espère qu'elle te réussira également.

ANTONIO. Je suis confus, et je vois ma faute dans tes paroles, comme dans le miroir le plus clair. On obéit bien aisément à un noble maître, qui persuade en même temps qu'il nous commande.

ACTE III.

SCÈNE I.

LA PRINCESSE (seule). Où s'arrête Éléonore ? A chaque instant l'inquiétude agite plus douloureusement le fond de mon cœur. Je sais à peine ce qui s'est passé ; je sais à peine lequel des deux est coupable. Oh ! qu'elle vienne ! Je ne voudrais pas parler à mon frère, à Antonio, avant d'être plus calme, avant d'avoir appris où en sont les choses et ce qui en peut arriver.

Zweiter Auftritt.

Prinzessin. Leonore.

Prinzessin.
Was bringst du, Leonore? Sag' mir an,
Wie steht's um unsre Freunde? Was geschah?
Leonore.
Mehr als wir wissen hab' ich nicht erfahren.
Sie trafen hart zusammen, Tasso zog,
Dein Bruder trennte sie; allein es scheint,
Als habe Tasso diesen Streit begonnen.
Antonio geht frei umher und spricht
Mit seinem Fürsten; Tasso bleibt dagegen
Verbannt in seinem Zimmer und allein.
Prinzessin.
Gewiß hat ihn Antonio gereizt,
Den Hochgestimmten kalt und fremd beleidigt.
Leonore.
Ich glaub' es selbst. Denn eine Wolke stand,
Schon als er zu uns trat, um seine Stirn.
Prinzessin.
Ach, daß wir doch dem reinen stillen Wink
Des Herzens nachzugehn so sehr verlernen!
Ganz leise spricht ein Gott in unsrer Brust,
Ganz leise, ganz vernehmlich, zeigt uns an,
Was zu ergreifen ist und was zu fliehn.
Antonio erschien mir heute früh
Viel schroffer noch als je, in sich gezogner.
Es warnte mich mein Geist, als neben ihn'
Sich Tasso stellte. Sieh das Aeußre nur
Von beiden an, das Angesicht, den Ton,
Den Blick, den Tritt! es widerstrebt sich alles,
Sie können ewig keine Liebe wechseln.
Doch überredete die Hoffnung mich,
Die Gleißnerin: sie sind vernünftig beide,
Sind edel, unterrichtet, deine Freunde;

SCÈNE II.

LA PRINCESSE, ÉLÉONORE.

LA PRINCESSE. Que viens-tu m'apprendre, Éléonore? Dis-moi, que deviennent nos amis? Que s'est-il passé?

ÉLÉONORE. Je n'en ai pas appris plus que nous ne savons. Ils se sont querellés; le Tasse a mis l'épée à la main; ton frère les a séparés : mais il semble que le Tasse a commencé cette querelle. Antonio se promène librement et parle avec son prince : le Tasse, au contraire, est relégué dans sa chambre et solitaire.

LA PRINCESSE. Sans doute Antonio l'a provoqué; il a offensé cette âme fière par sa froideur et son indifférence.

ÉLÉONORE. Je le crois aussi; car, lorsqu'il s'est présenté à nous, un nuage enveloppait déjà son front.

LA PRINCESSE. Ah! pourquoi négligeons-nous si fort de suivre la pure et secrète voix du cœur! Un Dieu parle tout bas dans notre sein, tout bas, mais distinctement; il nous indique ce qu'il faut choisir, ce qu'il faut éviter. Antonio m'a paru ce matin beaucoup plus âpre encore que jamais, plus renfermé en lui-même. Mon cœur m'avertissait, quand le Tasse s'est placé auprès de lui. Observe seulement l'extérieur de l'un et de l'autre, le visage, le ton, le regard, la démarche : tout se repousse; ils ne pourront jamais faire échange d'amitié. Cependant l'espérance m'a persuadée; la flatteuse me disait : « Ils sont raisonnables tous deux; ils sont nobles, éclairés ils sont tes amis : et quel plus sûr lien

Und welch ein Band ist sichrer als der Guten?
Ich trieb den Jüngling an; er gab sich ganz;
Wie schön, wie warm ergab er ganz sich mir!
O hätt' ich gleich Antonio gesprochen!
Ich zauderte; es war nur eine kurze Zeit;
Ich scheute mich, gleich mit den ersten Worten
Und dringend ihm den Jüngling zu empfehlen;
Verließ auf Sitte mich und Höflichkeit,
Auf den Gebrauch der Welt, der sich so glatt
Selbst zwischen Feinde legt; befürchtete
Von dem geprüften Manne diese Jähe
Der raschen Jugend nicht. Es ist geschehn.
Das Uebel stand mir fern, nun ist es da.
O gieb mir einen Rath! Was ist zu thun?

Leonore.

Wie schwer zu rathen sei, das fühlst du selbst
Nach dem, was du gesagt. Es ist nicht hier
Ein Mißverständniß zwischen Gleichgestimmten;
Das stellen Worte, ja im Nothfall stellen
Es Waffen leicht und glücklich wieder her.
Zwei Männer sind's, ich hab es lang gefühlt,
Die darum Feinde sind, weil die Natur
Nicht Einen Mann aus ihnen beiden formte.
Und wären sie zu ihrem Vortheil klug,
So würden sie als Freunde sich verbinden;
Da stünden sie für Einen Mann und gingen
Mit Macht und Glück und Lust durchs Leben hin.
So hofft' ich selbst, nun seh' ich wohl, umsonst.
Der Zwist von heute, sei er wie er sei,
Ist beizulegen; doch das sichert uns
Nicht für die Zukunft, für den Morgen nicht.
Es wär' am besten, dächt' ich, Tasso reiste
Auf eine Zeit von hier; er könnte ja
Nach Rom, auch nach Florenz sich wenden; dort
Träf' ich in wenig Wochen ihn und könnte
Auf sein Gemüth als eine Freundin wirken.
Du würdest hier indessen den Antonio,
Der uns so fremd geworden, dir aufs neue
Und deinen Freunden näher bringen; so

que celui des cœurs vertueux? » J'ai encouragé ce jeune homme ; il s'est donné tout entier. Avec quelle grâce, quelle chaleur, il s'est donné à moi tout entier ! Ah ! si j'avais d'abord prévenu Antonio ! J'hésitais ; je n'avais que peu de temps ; je me faisais un scrupule de lui recommander, dès les premiers mots et trop vivement, ce jeune homme. Je me suis reposée sur les mœurs et la politesse, sur l'usage du monde, qui s'entremet si doucement même entre les ennemis ; je n'appréhendais pas de l'homme éprouvé cet emportement de la fougueuse jeunesse. La chose est faite. Le mal était loin de moi : le voilà maintenant ! Oh ! donne-moi un conseil ! Que faut-il faire ?

ÉLÉONORE. Combien le conseil est difficile, tu le sens toi-même, d'après ce que tu as dit. Ce n'est pas ici une brouillerie entre des caractères sympathiques, à laquelle des paroles, au besoin même les armes, donnent une issue heureuse et facile. Ce sont deux hommes, je l'ai senti depuis longtemps, qui sont ennemis, parce que la nature n'a pas formé un seul homme des deux. Et, s'ils entendaient sagement leur intérêt, ils s'uniraient d'amitié : alors ils seraient comme un seul homme, et traverseraient la vie avec puissance et bonheur et joie. Je l'espérais moi-même : maintenant je vois bien que c'était en vain. Le débat d'aujourd'hui, quel qu'il soit, peut être apaisé, mais cela ne nous rassure pas pour l'avenir, pour le lendemain. Le mieux serait, je crois, que le Tasse s'éloignât d'ici quelque temps ; il pourrait se rendre à Rome et à Florence ; je l'y trouverais dans quelques semaines, et pourrais agir sur son cœur comme une amie. Ici cependant tu rapprocherais de toi et de tes amis Antonio, qui nous est devenu si étranger : ainsi le temps salutaire, qui peut beaucoup

Gewährte das, was jetzt unmöglich scheint,
Die gute Zeit vielleicht, die vieles giebt.
Prinzessin.
Du willst dich in Genuß, o Freundin, setzen,
Ich soll entbehren; heißt das billig sein?
Leonore.
Entbehren wirst du nichts, als was du doch
In diesem Falle nicht genießen könntest.
Prinzessin.
So ruhig soll ich einen Freund verbannen?
Leonore.
Erhalten, den du nur zum Schein verbannst.
Prinzessin.
Mein Bruder wird ihn nicht mit Willen lassen.
Leonore.
Wenn er es sieht wie wir, so giebt er nach.
Prinzessin.
Es ist so schwer, im Freunde sich verdammen.
Leonore.
Und dennoch rettest du den Freund in dir.
Prinzessin.
Ich gebe nicht mein Ja, daß es geschehe.
Leonore.
So warte noch ein größres Uebel ab.
Prinzessin.
Du peinigst mich und weißt nicht, ob du nützest.
Leonore.
Wir werden bald entdecken, wer sich irrt.
Prinzessin.
Und soll es sein, so frage mich nicht länger.
Leonore.
Wer sich entschließen kann, besiegt den Schmerz.
Prinzessin.
Entschlossen bin ich nicht, allein es sei,
Wenn er sich nicht auf lange Zeit entfernt —
Und laß uns für ihn sorgen, Leonore,
Daß er nicht etwa künftig Mangel leide,
Daß ihm der Herzog seinen Unterhalt
Auch in der Ferne willig reichen lasse.

donner, ferait peut-être ce qui semble impossible aujourd'hui

LA PRINCESSE. Tu veux t'assurer la jouissance, ô mon amie, et m'imposer la privation : est-ce là être juste ?

ÉLÉONORE. Tu ne seras privée que d'un bien dont tu ne pourrais d'ailleurs jouir dans cette conjoncture.

LA PRINCESSE. Dois-je si tranquillement bannir un ami ?

ÉLÉONORE. Dis plutôt conserver celui que tu ne banniras qu'en apparence.

LA PRINCESSE. Mon frère ne le laissera point partir de bon gré.

ÉLÉONORE. S'il voit la chose comme nous, il cédera.

LA PRINCESSE. Il est si pénible de se condamner dans un ami !

ÉLÉONORE. Et cependant tu sauves ton ami par ce sacrifice.

LA PRINCESSE. Je ne donne pas mon consentement à ce départ.

ÉLÉONORE. Attends-toi donc à un plus grand mal.

LA PRINCESSE. Tu m'affliges, sans savoir si tu me rends service.

ÉLÉONORE. Nous apprendrons bientôt qui se trompe.

LA PRINCESSE. Si cela doit être, ne me consulte pas plus longtemps.

ÉLÉONORE. Qui peut se résoudre triomphe de la douleur.

LA PRINCESSE. Je ne suis point résolue ; mais soit : s'il ne s'éloigne pas pour longtemps !... Et prenons soin de lui, Éléonore, en sorte qu'il n'ait pas à souffrir par la suite quelques privations ; que le duc veuille pourvoir à son entretien, même pendant

Sprich mit Antonio, denn er vermag
Bei meinem Bruder viel und wird den Streit
Nicht unserm Freund und uns gedenken wollen.
Leonore.
Ein Wort von dir, Prinzessin, gälte mehr.
Prinzessin.
Ich kann, du weißt es, meine Freundin, nicht,
Wie's meine Schwester von Urbino kann,
Für mich und für die Meinen was erbitten.
Ich lebe gern so stille vor mich hin
Und nehme von dem Bruder dankbar an,
Was er mir immer geben kann und will.
Ich habe sonst darüber manchen Vorwurf
Mir selbst gemacht; nun hab' ich überwunden.
Es schalt mich eine Freundin oft darum:
Du bist uneigennützig, sagte sie,
Das ist recht schön; allein so sehr bist du's,
Daß du auch das Bedürfniß deiner Freunde
Nicht recht empfinden kannst. Ich laff' es gehn
Und muß denn eben diesen Vorwurf tragen.
Um desto mehr erfreut es mich, daß ich
Nun in der That dem Freunde nützen kann;
Es fällt mir meiner Mutter Erbschaft zu,
Und gerne will ich für ihn sorgen helfen.
Leonore.
Und ich, o Fürstin, finde mich im Falle,
Daß ich als Freundin auch mich zeigen kann.
Er ist kein guter Wirth; wo es ihm fehlt,
Werd' ich ihm schon geschickt zu helfen wissen.
Prinzessin.
So nimm ihn weg, und soll ich ihn entbehren,
Vor allen andern sei er dir gegönnt!
Ich seh' es wohl, so wird es besser sein.
Muß ich denn wieder diesen Schmerz als gut
Und heilsam preisen? Das war mein Geschick
Von Jugend auf; ich bin nun dran gewöhnt.
Nur halb ist der Verlust des schönsten Glücks,
Wenn wir auf den Besitz nicht sicher zählten.

l'absence. Parle à Antonio ; car il peut beaucoup sur mon frère, et il ne voudra pas nous garder rancune de cette querelle à nous et à notre ami.

ÉLÉONORE. Un mot de toi, princesse, aurait plus d'effet.

LA PRINCESSE. Je ne puis, tu le sais, mon amie, comme ma sœur d'Urbin, solliciter quelque faveur pour moi et pour les miens. J'aime à vivre sans bruit, au jour le jour, et je reçois de mon frère, avec reconnaissance, ce qu'il peut et ce qu'il veut me donner. Autrefois je me suis fait là-dessus à moi-même plus d'un reproche : maintenant j'ai pris mon parti. Une amie m'en blâmait souvent. « Tu es désintéressée, disait-elle, cela est fort beau mais tu l'es au point de ne pouvoir bien sentir les besoins même de tes amis. » Je laisse les choses suivre leur cours, et dois par conséquent souffrir le même reproche. Je me félicite d'autant plus de pouvoir actuellement offrir à notre ami des secours efficaces : la succession de ma mère m'est échue, et j'aiderai avec joie à l'entretien de l'exilé.

ÉLÉONORE. Moi-même, ô princesse, je me trouve en position de pouvoir aussi me montrer comme amie. Ce n'est point un bon économe : si quelque chose lui manque, je saurai bien y pourvoir avec adresse.

LA PRINCESSE. Eh bien, emmène-le : s'il faut me passer de lui, je te le cède plus volontiers qu'à tout autre. Je le vois bien, ce sera mieux ainsi. Faut-il donc que je prenne en gré cette nouvelle douleur, comme bonne et salutaire ? Ce fut mon sort dès l'enfance ; j'y suis désormais accoutumée. La perte du bonheur le plus doux est moins sensible de moitié, quand nous n'avons pas compté sur la possession.

Leonore.
Ich hoffe, dich, so schön du es verdienst,
Glücklich zu sehn.
Prinzessin.
Eleonore! Glücklich?
Wer ist denn glücklich? — Meinen Bruder zwar
Möcht' ich so nennen, denn sein großes Herz
Trägt sein Geschick mit immer gleichem Muth;
Allein was er verdient, das ward ihm nie.
Ist meine Schwester von Urbino glücklich?
Das schöne Weib, das edle große Herz;
Sie bringt dem jüngern Manne keine Kinder;
Er achtet sie und läßt sie's nicht entgelten,
Doch keine Freude wohnt in ihrem Haus.
Was half denn unsrer Mutter ihre Klugheit?
Die Kenntniß jeder Art, ihr großer Sinn?
Konnt' er sie vor dem fremden Irrthum schützen?
Man nahm uns von ihr weg; nun ist sie todt,
Sie ließ uns Kindern nicht den Trost, daß sie
Mit ihrem Gott versöhnt gestorben sei.
Leonore.
O blicke nicht nach dem, was jedem fehlt;
Betrachte, was noch einem jeden bleibt!
Was bleibt nicht Dir, Prinzessin?
Prinzessin.
Was mir bleibt?
Geduld, Eleonore! üben konnt' ich die
Von Jugend auf. Wenn Freunde, wenn Geschwister
Bei Fest und Spiel gesellig sich erfreuten,
Hielt Krankheit mich auf meinem Zimmer fest,
Und in Gesellschaft mancher Leiden mußt'
Ich früh entbehren lernen. Eines war,
Was in der Einsamkeit mich schön ergötzte,
Die Freude des Gesangs; ich unterhielt
Mich mit mir selbst, ich wiegte Schmerz und Sehnsucht
Und jeden Wunsch mit leisen Tönen ein.
Da wurde Leiden oft Genuß, und selbst
Das traurige Gefühl zur Harmonie.
Nicht lang' war mir dieß Glück gegönnt, auch dieses

ÉLÉONORE. J'espère te voir heureuse, comme tu le mérites si bien.

LA PRINCESSE. Heureuse, Éléonore?... Qui donc est heureux?... Mon frère sans doute, devrais-je dire, parce que son grand cœur porte sa destinée avec un courage toujours égal ; mais il n'obtient jamais ce qu'il mérite. Ma sœur d'Urbin est-elle heureuse ? Cette belle femme, au grand et noble cœur, elle ne donne point d'enfants à son jeune époux. Il la respecte et ne lui fait point expier sa stérilité ; mais aucune joie n'habite dans leur maison. Eh ! que servit à notre mère sa sagesse, ses connaissances en tout genre, son grand sens ? A-t-il pu la préserver des erreurs étrangères ? On nous emporta loin d'elle. Maintenant, elle n'est plus : elle n'a pas laissé à ses enfants la consolation de la voir mourir réconciliée avec son Dieu.

ÉLÉONORE. Ah ! ne regarde pas ce qui manque à chacun ; considère ce qui lui reste encore. Que de biens ne te restent pas, ô princesse !

LA PRINCESSE. Ce qui me reste ? La patience, Éléonore ! J'ai pu l'exercer dès mon premier âge. Quand nos amis, quand mon frère et ma sœur se livraient ensemble à la joie dans les fêtes et les jeux, la maladie me tenait chez moi prisonnière, et, dans la compagnie de nombreuses douleurs, je dus m'exercer de bonne heure aux privations. Une seule chose me charmait dans la solitude, le plaisir du chant ; je m'entretenais avec moi-même ; je berçais par de doux accents ma douleur et ma mélancolie et tous mes vœux ; ainsi la peine devenait souvent une jouissance, et même les tristes sentiments une harmonie : ce plaisir ne me

Nahm mir der Arzt hinweg; sein streng Gebot
Hieß mich verstummen; leben sollt' ich, leiden,
Den einz'gen kleinen Trost sollt' ich entbehren.
Leonore.
So viele Freunde fanden sich zu dir,
Und nun bist du gesund, bist lebensfroh.
Prinzessin.
Ich bin gesund, das heißt, ich bin nicht krank;
Und manche Freunde hab' ich, deren Treue
Mich glücklich macht. Auch hatt' ich einen Freund —
Leonore.
Du hast ihn noch.
Prinzessin.
    Und werd' ihn bald verlieren.
Der Augenblick, da ich zuerst ihn sah,
War viel bedeutend. Kaum erholt' ich mich
Von manchen Leiden; Schmerz und Krankheit waren
Kaum erst gewichen: still bescheiden blickt' ich
Ins Leben wieder, freute mich des Tags
Und der Geschwister wieder, sog beherzt
Der süßen Hoffnung reinsten Balsam ein.
Ich wagt' es vorwärts in das Leben weiter
Hinein zu sehn, und freundliche Gestalten
Begegneten mir aus der Ferne. Da,
Eleonore, stellte mir den Jüngling
Die Schwester vor; er kam an ihrer Hand,
Und, daß ich dir's gestehe, da ergriff
Ihn mein Gemüth und wird ihn ewig halten.
Leonore.
O meine Fürstin, laß dich's nicht gereuen!
Das Edle zu erkennen, ist Gewinnst,
Der nimmer uns entrissen werden kann.
Prinzessin.
Zu fürchten ist das Schöne, das Fürtreffliche,
Wie eine Flamme, die so herrlich nützt,
So lange sie auf deinem Herde brennt,
So lang' sie dir von einer Fackel leuchtet,
Wie hold! Wer mag, wer kann sie da entbehren?
Und frißt sie ungehütet um sich her,

fut pas longtemps permis ; le médecin me le ravit encore. Son ordre sévère me prescrivit le silence ; il me fallut vivre et souffrir ; il me fallut renoncer à cette unique et faible consolation.

ÉLÉONORE. Tant d'amis étaient auprès de toi !... Et maintenant tu es guérie, tu jouis de l'existence.

LA PRINCESSE. Je suis guérie, c'est-à-dire que je ne suis pas malade ; et j'ai quelques amis, dont la fidélité me rend heureuse. J'en avais un aussi...

ÉLÉONORE. Tu l'as encore.

LA PRINCESSE. Et je le perdrai bientôt. Le moment où je le vis pour la première fois fut bien mémorable. Je me relevais à peine de nombreuses souffrances ; la douleur et la maladie venaient de céder à peine ; je portais de nouveau sur la vie un regard silencieux et timide ; je recommençais à jouir de la lumière, de mon frère et de ma sœur ; et, reprenant courage, je respirais le baume le plus pur de la douce espérance ; j'osais porter mes regards plus avant dans la vie, et de gracieuses images venaient à moi de ce lointain : ce fut alors, ô mon amie, que ma sœur me présenta ce jeune homme. Il s'avançait en lui donnant la main, et, pour te l'avouer, mon cœur le choisit soudain et ne s'en détachera jamais.

ÉLÉONORE. O ma princesse, n'en aie point de regret : sentir ce qui est noble est un avantage qu'on ne peut jamais nous ravir.

LA PRINCESSE. Le beau, l'excellent est à craindre comme une flamme, qui rend de si précieux services, tant qu'elle brûle sur notre foyer, tant qu'elle nous éclaire d'un flambeau. Qu'elle est bienfaisante ! Qui voudrait, qui pourrait s'en passer ? Et si, n'étant pas surveillée, elle dévore ce qui l'entoure, qu'elle peut

Wie elend kann sie machen! Laß mich nun.
Ich bin geschwätzig und verbärge besser
Auch selbst vor dir, wie schwach ich bin und krank.
Leonore.
Die Krankheit des Gemüthes löset sich
In Klagen und Vertraun am leichtsten auf.
Prinzessin.
Wenn das Vertrauen heilt, so heil' ich bald;
Ich hab' es rein und hab' es ganz zu dir.
Ach, meine Freundin! Zwar ich bin entschlossen,
Er scheide nur! allein ich fühle schon
Den langen ausgedehnten Schmerz der Tage, wenn
Ich nun entbehren soll, was mich erfreute.
Die Sonne hebt von meinen Augenliedern
Nicht mehr sein schön verklärtes Traumbild auf;
Die Hoffnung, ihn zu sehen, füllt nicht mehr
Den kaum erwachten Geist mit froher Sehnsucht;
Mein erster Blick hinab in unsre Gärten
Sucht ihn vergebens in dem Thau der Schatten.
Wie schön befriedigt fühlte sich der Wunsch,
Mit ihm zu sein an jedem heitern Abend!
Wie mehrte sich im Umgang das Verlangen,
Sich mehr zu kennen, mehr sich zu verstehn!
Und täglich stimmte das Gemüth sich schöner
Zu immer reinern Harmonieen auf.
Welch eine Dämmrung fällt nun vor mir ein!
Der Sonne Pracht, das fröhliche Gefühl
Des hohen Tags, der tausendfachen Welt
Glanzreiche Gegenwart ist öd' und tief
Im Nebel eingehüllt, der mich umgiebt.
Sonst war mir jeder Tag ein ganzes Leben;
Die Sorge schwieg, die Ahnung selbst verstummte,
Und glücklich eingeschifft, trug uns der Strom
Auf leichten Wellen ohne Ruder hin:
Nun überfällt in trüber Gegenwart
Der Zukunft Schrecken heimlich meine Brust.
Leonore.
Die Zukunft giebt dir deine Freunde wieder
Und bringt dir neue Freude, neues Glück.

faire de maux ! Laisse-moi maintenant. Je parle trop, et je ferais mieux de te cacher à toi-même combien je suis faible et souffrante.

ÉLÉONORE. La souffrance de l'âme ne se peut mieux dissiper que par la plainte et la confiance.

LA PRINCESSE. Si la confiance guérit, je guérirai bientôt. J'ai mis la mienne en toi, je l'ai mise pure et en ère. Ah ! mon amie, il est vrai, je suis décidée. Qu'il parte ! Mais déjà je sens qu'elle sera longue, l'immense tristesse des jours, quand je serai privée de ce qui faisait ma joie. Le soleil ne chassera plus de mes paupières sa brillante image, transfigurée dans mes songes ; l'espérance de le voir ne remplira plus d'une douce mélancolie mon âme à peine éveillée ; mon premier regard là-bas dans nos jardins le cherchera vainement sous les humides ombrages. Qu'il se sentait doucement satisfait, mon désir de passer avec lui chaque belle soirée ! Que, dans ses entretiens, s'augmentait le besoin de mieux se connaître, de mieux se comprendre ! Et chaque jour nos cœurs s'unissaient plus doucement dans une harmonie plus pure. Quelles ombres descendent maintenant devant moi ! La splendeur du soleil, le joyeux sentiment du grand jour, la brillante présence du magnifique univers est vide et profondément plongée dans le nuage qui m'environne. Autrefois chaque journée était pour moi toute une vie ; le souci se taisait ; le pressentiment lui-même était muet ; heureux passagers, le fleuve nous emportait sans rames sur ses vagues légères : maintenant, dans la triste contemplation de l'avenir, l'effroi saisit secrètement mon cœur.

ÉLÉONORE. L'avenir te rendra tes amis, et t'apportera de nouveaux plaisirs, un nouveau bonheur.

Prinzeffin.
Was ich besitze, mag ich gern bewahren:
Der Wechsel unterhält, doch nutzt er kaum.
Mit jugendlicher Sehnsucht griff ich nie
Begierig in den Loostopf fremder Welt,
Für mein bedürfend unerfahren Herz
Zufällig einen Gegenstand zu haschen.
Ihn mußt' ich ehren, darum liebt ich ihn;
Ich mußt' ihn lieben, weil mit ihm mein Leben
Zum Leben ward, wie ich es nie gekannt;
Erst sagt' ich mir, entferne dich von ihm!
Ich wich und wich und kam nur immer näher,
So lieblich angelockt, so hart bestraft!
Ein reines, wahres Gut verschwindet mir,
Und meiner Sehnsucht schiebt ein böser Geist
Statt Freud' und Glück verwandte Schmerzen unter.

Leonore.
Wenn einer Freundin Wort nicht trösten kann,
So wird die stille Kraft der schönen Welt,
Der guten Zeit dich unvermerkt erquicken.

Prinzeffin.
Wohl ist sie schön, die Welt! In ihrer Weite
Bewegt sich so viel Gutes hin und her.
Ach, daß es immer nur um Einen Schritt
Von uns sich zu entfernen scheint
Und unsre bange Sehnsucht durch das Leben
Auch Schritt vor Schritt bis nach dem Grabe lockt!
So selten ist es, daß die Menschen finden,
Was ihnen doch bestimmt gewesen schien,
So selten, daß sie das erhalten, was
Auch einmal die beglückte Hand ergriff!
Es reißt sich los, was erst sich uns ergab,
Wir lassen los, was wir begierig faßten.
Es giebt ein Glück, allein wir kennen's nicht:
Wir kennen's wohl, und wissen's nicht zu schätzen.

LA PRINCESSE. Ce que je possède, j'aime à le garder ; le changement amuse, mais rarement il profite. Jamais, avec l'ardeur de la jeunesse, je ne plongeai avidement la main dans l'urne d'un monde étranger, afin de saisir au hasard un objet pour mon cœur agité de besoins inconnus. Mais lui, il me fallut l'honorer ; c'est pourquoi je l'aimai ; il me fallut l'aimer, parce qu'avec lui je vivais d'une vie telle que je n'en avais jamais connu. D'abord je me dis : « Éloigne-toi de lui. » Je fuyais, je fuyais, et ne faisais que m'approcher toujours davantage, si doucement attirée... si durement punie !... Un bien véritable et pur s'évanouit pour moi ; un mauvais génie dérobe à mes désirs le bonheur et la joie, et met à leur place les douleurs, qui les touchent de près.

ÉLÉONORE. Si les paroles d'une amie ne peuvent te consoler, la secrète puissance du bel univers, du temps salutaire, te ranimera insensiblement.

LA PRINCESSE. Oui, le monde est beau ! Tant de biens flottent çà et là dans son étendue ! Mais, hélas ! ces biens semblent toujours s'éloigner de nous d'un pas seulement, et attirent de même, pas à pas, nos désirs inquiets à travers la vie, jusqu'au bord du tombeau. Il est si rare que les hommes trouvent ce qui leur semblait pourtant destiné ; si rare qu'ils conservent même ce que leur main fortunée put saisir une fois ! Ce qui venait seulement de se livrer à nous s'arrache de nos bras ; nous délaissons ce que nous avions saisi avec ardeur : le bonheur existe, mais nous ne le connaissons pas ; que dis-je ? nous le connaissons, et nous ne savons pas l'estimer.

Dritter Auftritt.

Leonore (allein).

Wie jammert mich das edle, schöne Herz!
Welch' traurig Loos, das ihrer Hoheit fällt!
Ach, sie verliert — und denkst du, zu gewinnen?
Ist's denn so nöthig, daß er sich entfernt?
Machst du es nöthig, um allein für dich
Das Herz und die Talente zu besitzen,
Die du bisher mit einer andern theilst,
Und ungleich theilst? Ist's redlich, so zu handeln?
Bist du nicht reich genug? Was fehlt dir noch?
Gemahl und Sohn und Güter, Rang und Schönheit,
Das hast du alles, und du willst noch ihn
Zu diesem allen haben? Liebst du ihn?
Was ist es sonst, warum du ihn nicht mehr
Entbehren magst? Du darfst es dir gestehn. —
Wie reizend ist's in seinem schönen Geiste
Sich selber zu bespiegeln! Wird ein Glück
Nicht doppelt groß und herrlich, wenn sein Lied
Uns wie auf Himmels=Wolken trägt und hebt?
Dann bist du erst beneidenswerth! Du bist,
Du hast das nicht allein, was viele wünschen;
Es weiß, es kennt auch jeder, was du hast!
Dich nennt dein Vaterland und sieht auf dich,
Das ist der höchste Gipfel jedes Glücks.
Ist Laura denn allein der Name, der
Von allen zarten Lippen klingen soll?
Und hatte nur Petrarch allein das Recht,
Die unbekannte Schöne zu vergöttern?
Wo ist ein Mann, der meinem Freunde sich
Vergleichen darf? Wie ihn die Welt verehrt,
So wird die Nachwelt ihn verehrend nennen.
Wie herrlich ist's, im Glanze dieses Lebens
Ihn an der Seite haben! so mit ihm
Der Zukunft sich mit leichtem Schritte nahn!
Alsdann vermag die Zeit, das Alter nichts

SCÈNE III.

ÉLÉONORE (seule).

Que je plains cette âme noble et belle ! Quel triste sort est échu à sa grandeur ! Ah ! elle perd !... et crois-tu de gagner ? Est-ce donc si nécessaire qu'il s'éloigne ? Le dis-tu nécessaire, pour posséder, à toi seule, le cœur et les talents que jusqu'ici tu partages avec une autre, et d'une manière inégale ? Est-ce loyal d'agir ainsi ? N'es-tu pas assez riche ? Que te manque-t-il encore ? Un époux, un fils, la fortune, le rang et la beauté, tous ces biens t'appartiennent, et tu veux le posséder encore avec tout cela ? L'aimes-tu ? D'où vient, sans cela, que tu ne saurais plus te passer de lui ? Ose te l'avouer... c'est un charme de se contempler soi-même dans ce beau génie ! Le bonheur n'est-il pas doublement grand et magnifique, lorsque ses chants nous portent et nous élèvent comme les nuées du ciel ? C'est alors que tu es digne d'envie. Non seulement tu possèdes ce que la foule désire, mais aussi chacun sait, chacun connaît ce que tu possèdes. Ta patrie te célèbre et te contemple. C'est le faîte suprême du bonheur. Le nom de Laure est-il donc le seul que doivent redire les bouches de tous les amants, et Pétrarque seul avait-il le droit de diviniser la beauté inconnue ? Où est l'homme qui ose se comparer à mon ami ? Comme ses contemporains l'honorent, la postérité le nommera avec respect. Quel triomphe de l'avoir à ses côtés dans la gloire de sa vie ! de s'avancer avec lui d'un pas léger vers l'avenir ! Alors le temps, la vieillesse, ne peuvent rien sur toi,

Auf dich, und nichts der freche Ruf,
Der hin und her des Beifalls Woge treibt:
Das, was vergänglich ist, bewahrt sein Lied.
Du bist noch schön, noch glücklich, wenn schon lange
Der Kreis der Dinge dich mit fortgerissen.
Du mußt ihn haben, und ihr nimmst du nichts:
Denn ihre Neigung zu dem werthen Manne
Ist ihren andern Leidenschaften gleich.
Sie leuchten, wie der stille Schein des Monds
Dem Wandrer spärlich auf dem Pfad der Nacht,
Sie wärmen nicht und gießen keine Lust
Noch Lebensfreud' umher. Sie wird sich freuen,
Wenn sie ihn fern, wenn sie ihn glücklich weiß,
Wie sie genoß, wenn sie ihn täglich sah.
Und dann, ich will mit meinem Freunde nicht,
Von ihr und diesem Hofe mich verbannen;
Ich komme wieder, und ich bring' ihn wieder.
So soll es sein! — Hier kommt der rauhe Freund;
Wir wollen sehn, ob wir ihn zähmen können.

Vierter Auftritt.

Leonore. Antonio.

Leonore.

Du bringst uns Krieg statt Frieden; scheint es doch,
Du kommst aus einem Lager, einer Schlacht,
Wo die Gewalt regiert, die Faust entscheidet,
Und nicht von Rom, wo feierliche Klugheit
Die Hände segnend hebt und eine Welt
Zu ihren Füßen sieht, die gern gehorcht.

Antonio.

Ich muß den Tadel, schöne Freundin, dulden,
Doch die Entschuld'gung liegt nicht weit davon.
Es ist gefährlich, wenn man allzu lang'
Sich klug und mäßig zeigen muß. Es lauert
Der böse Genius dir an der Seite
Und will gewaltsam auch von Zeit zu Zeit

et rien l'insolente renommée, qui pousse çà et là le flot de la louange : ce qui est périssable, ses chants le maintiennent. Tu es belle encore, heureuse encore, quand le tourbillon des choses humaines t'a depuis longtemps emportée avec soi. Oui, tu le posséderas, le poète, sans le ravir à la princesse ; car son inclination pour ce grand homme est semblable à ses autres passions : elles brillent comme, dans la nuit, la lune paisible éclaire faiblement le sentier du voyageur ; elles brillent, elles n'échauffent pas, et ne répandent autour d'elles aucun plaisir, aucune allégresse. Elle sera satisfaite de le savoir heureux loin d'elle, comme elle jouissait de le voir tous les jours. D'ailleurs, je ne veux pas me bannir, avec mon ami, loin d'elle et de cette cour. Je reviendrai et je le ramènerai. Il faut qu'il en soit ainsi !... Voici notre farouche ami : voyons si nous pourrons l'apprivoiser.

SCÈNE IV.

ÉLÉONORE, ANTONIO.

ÉLÉONORE. Tu nous apportes la guerre au lieu de la paix ! On dirait que tu arrives d'un camp, d'une bataille, où la force commande, où le bras décide, et non de Rome, où une sagesse solennelle lève les mains pour bénir, et voit à ses pieds un monde qui lui obéit avec joie.

ANTONIO. Il faut, belle amie, que je souffre ce blâme : cependant mon excuse n'est pas loin. Il est dangereux d'avoir à se montrer trop longtemps sage et modéré ; le mauvais génie veille à nos côtés, et veut aussi de temps en temps nous arracher

Ein Opfer haben. Leider hab' ich's dießmal
Auf meiner Freunde Kosten ihm gebracht.
Leonore.
Du hast um fremde Menschen dich so lang'
Bemüht und dich nach ihrem Sinn gerichtet:
Nun, da du deine Freunde wieder siehst,
Verkennst du sie und rechtest wie mit Fremden.
Antonio.
Da liegt, geliebte Freundin, die Gefahr!
Mit fremden Menschen nimmt man sich zusammen,
Da merkt man auf, da sucht man seinen Zweck
In ihrer Gunst, damit sie nützen sollen;
Allein bei Freunden läßt man frei sich gehn,
Man ruht in ihrer Liebe, man erlaubt
Sich eine Laune, ungezähmter wirkt
Die Leidenschaft, und so verletzen wir
Am ersten die, die wir am zärtsten lieben.
Leonore.
In dieser ruhigen Betrachtung find' ich dich
Schon ganz, mein theurer Freund, mit Freuden wieder.
Antonio.
Ja, mich verdrießt — und ich bekenn' es gern —
Daß ich mich heut so ohne Maß verlor.
Allein gestehe, wenn ein wackrer Mann
Mit heißer Stirn von saurer Arbeit kommt
Und spät am Abend in ersehnten Schatten
Zu neuer Mühe auszuruhen denkt,
Und findet dann von einem Müßiggänger
Den Schatten breit besessen, soll er nicht
Auch etwas Menschlich's in dem Busen fühlen?
Leonore.
Wenn er recht menschlich ist, so wird er auch
Den Schatten gern mit einem Manne theilen,
Der ihm die Ruhe süß, die Arbeit leicht
Durch ein Gespräch, durch holde Töne macht.
Der Baum ist breit, mein Freund, der Schatten giebt,
Und keiner braucht den andern zu verdrängen.

un sacrifice. Par malheur, je l'ai offert cette fois aux dépens de mes amis.

ÉLÉONORE. Tu t'es si longtemps contraint pour des hommes étrangers et réglé sur leur volonté : maintenant que tu revois tes amis, tu les méconnais et tu contestes comme avec des étrangers.

ANTONIO. Voilà le péril, chère amie ! Avec des étrangers on se recueille, on observe, on cherche son but dans leurs bonnes grâces, afin qu'ils nous servent ; mais, avec les amis, on s'abandonne librement ; on se repose sur leur affection ; on se permet un caprice ; la passion agit sans frein, et par là nous offensons plus tôt ceux que nous aimons le plus tendrement.

ÉLÉONORE. Dans ces réflexions tranquilles, mon cher ami, déjà je te retrouve avec joie tout entier.

ANTONIO. Oui, j'ai regret, je le confesse, d'avoir perdu la mesure aujourd'hui, comme j'ai fait. Mais, tu l'avoueras, quand un brave homme revient, le front brûlant de son pénible travail, et qu'il espère enfin le soir se reposer, pour de nouvelles fatigues, sous l'ombrage souhaité ; s'il trouve alors la place largement occupée par un oisif, ne doit-il pas aussi sentir dans son cœur quelque faiblesse humaine ?

ÉLÉONORE. S'il est vraiment humain, il partagera volontiers l'ombrage avec un homme qui, par son entretien, par de suaves accents, lui rendra le repos agréable et le travail facile. Il est vaste, mon ami, l'arbre qui donne l'ombrage, et nul n'a besoin de déplacer les autres.

Antonio.
Wir wollen uns, Eleonore, nicht
Mit einem Gleichniß hin und wieder spielen.
Gar viele Dinge sind in dieser Welt,
Die man dem andern gönnt und gerne theilt;
Jedoch es ist ein Schatz, den man allein
Dem Hochverdienten gerne gönnen mag,
Ein andrer, den man mit dem Höchstverdienten
Mit gutem Willen niemals theilen wird —
Und fragst du mich nach diesen beiden Schätzen:
Der Lorbeer ist es und die Gunst der Frauen.

Leonore.
Hat jener Kranz um unsers Jünglings Haupt
Den ernsten Mann beleidigt? Hättest du
Für seine Mühe, seine schöne Dichtung
Bescheidnern Lohn doch selbst nicht finden können.
Denn ein Verdienst, das außerirdisch ist,
Das in den Lüften schwebt, in Tönen nur,
In leichten Bildern unsern Geist umgaukelt,
Es wird denn auch mit einem schönen Bilde,
Mit einem holden Zeichen nur belohnt;
Und wenn er selbst die Erde kaum berührt,
Berührt der höchste Lohn ihm kaum das Haupt.
Ein unfruchtbarer Zweig ist das Geschenk,
Das der Verehrer unfruchtbare Neigung
Ihm gerne bringt, damit sie einer Schuld
Auf's leichtste sich entlade. Du mißgönnst
Dem Bild des Märtyrers den goldnen Schein
Ums kahle Haupt wohl schwerlich; und gewiß,
Der Lorbeerkranz ist, wo er dir erscheint,
Ein Zeichen mehr des Leidens als des Glücks.

Antonio.
Will etwa mich dein liebenswürd'ger Mund
Die Eitelkeit der Welt verachten lehren?

Leonore.
Ein jedes Gut nach seinem Werth zu schätzen,
Brauch' ich dich nicht zu lehren. Aber doch,
Es scheint, von Zeit zu Zeit bedarf der Weise,
So sehr wie andre, daß man ihm die Güter,

ANTONIO. Éléonore, ne jouons pas l'un et l'autre avec une image. Il est beaucoup de choses dans ce monde que l'on cède à un autre et que l'on partage volontiers ; mais il est un trésor qu'on ne peut céder avec plaisir qu'au mérite éminent ; il en est un autre que jamais on ne partagera de bon gré avec le mérite suprême ; et, si tu me demandes quels sont ces deux trésors, l'un est le laurier, l'autre la faveur des femmes.

ÉLÉONORE. Cette couronne, sur le front de notre jeune poète a-t-elle offensé l'homme grave ? Tu n'aurais pu cependant trouver toi-même pour ses travaux, pour sa belle poésie, une plus modeste récompense ; car un mérite qui n'a rien de terrestre, qui plane dans les airs, qui amuse seulement notre esprit par des sons, par des images légères, n'est récompensé non plus que par une belle image, par un signe gracieux ; et, si lui-même il effleure à peine la terre, cette suprême récompense effleure à peine son front. Un stérile rameau est le don que la stérile affection des admirateurs lui fait volontiers, pour acquitter, aussi aisément que possible, sa dette. Tu n'envieras guère à l'image du martyr l'auréole dorée qui entoure sa tête chauve ; et assurément la couronne de laurier est, sur le front où tes yeux la voient, un signe de souffrance plus que de bonheur.

ANTONIO. Ta bouche aimable veut-elle peut-être m'enseigner à mépriser les vanités du monde ?

ÉLÉONORE. Estimer chaque bien à sa valeur, c'est ce qu'il n'est pas nécessaire que je t'apprenne. Il semble néanmoins que le sage ait parfois besoin, autant que les autres, qu'on lui montre dans leur vrai jour les biens qu'il possède. Toi, noble Antonio,

Die er besitzt, im rechten Lichte zeige.
Du, edler Mann, du wirst an ein Phantom
Von Gunst und Ehre keinen Anspruch machen.
Der Dienst, mit dem du deinem Fürsten dich,
Mit dem du deine Freunde dir verbindest,
Ist wirkend, ist lebendig, und so muß
Der Lohn auch wirklich und lebendig sein.
Dein Lorbeer ist das fürstliche Vertraun,
Das auf den Schultern dir als liebe Last,
Gehäuft und leicht getragen ruht; es ist
Dein Ruhm das allgemeine Zutraun.

Antonio.
Und von der Gunst der Frauen sagst du nichts;
Die willst du mir doch nicht entbehrlich schildern?

Leonore.
Wie man es nimmt. Denn du entbehrst sie nicht,
Und leichter wäre sie dir zu entbehren,
Als sie es jenem guten Mann nicht ist.
Denn sag', geläng' es einer Frau, wenn sie
Nach ihrer Art für dich zu sorgen dächte,
Mit dir sich zu beschäft'gen unternähme?
Bei dir ist alles Ordnung, Sicherheit;
Du sorgst für dich, wie du für andre sorgst,
Du hast, was man dir geben möchte. Jener
Beschäftigt uns in unsrem eignen Fache.
Ihm fehlt's an tausend Kleinigkeiten, die
Zu schaffen eine Frau sich gern bemüht.
Das schönste Leinenzeug, ein seiden Kleid
Mit etwas Stickerei, das trägt er gern.
Er steht sich gern geputzt, vielmehr, er kann
Uneblen Stoff, der nur den Knecht bezeichnet,
An seinem Leib nicht dulden; alles soll
Ihm fein und gut und schön und edel stehn.
Und dennoch hat er kein Geschick, das alles
Sich anzuschaffen, wenn er es besitzt,
Sich zu erhalten: immer fehlt es ihm
An Geld, an Sorgsamkeit. Bald läßt er da
Ein Stück, bald eines dort. Er kehret nie
Von einer Reise wieder, daß ihm nicht

ACTE TROISIÈME, SCÈNE QUATRIÈME.

tu ne prétendras nullement à un fantôme de faveur et de gloire. Le service par lequel tu enchaînes et toi-même à ton prince et à toi tes amis, est réel, est vivant, et la récompense en doit être aussi réelle que vivante. Ton laurier est la confiance du prince, fardeau chéri, qui pèse sur tes épaules, plus grand chaque jour et légèrement porté ; ta gloire, c'est la confiance publique.

ANTONIO. Et la faveur des femmes, n'en dis-tu rien ? Tu ne veux pas cependant me la peindre comme une chose dont on se puisse passer.

ÉLÉONORE. C'est comme on l'entend. Car elle ne te manque point, et il te serait plus facile de t'en passer qu'à ce bon jeune homme. En effet, dis-moi, une femme réussirait-elle, si elle voulait prendre soin de toi à sa manière ; si elle entreprenait de s'occuper de toi ? Chez toi règne en toutes choses l'ordre, la sûreté ; tu songes à toi, comme tu songes aux autres ; tu possèdes ce qu'on voudrait te donner. Le Tasse nous occupe dans notre propre domaine. Il manque de cent bagatelles, qu'une femme se donne avec plaisir la tâche de procurer. Il aime à porter le plus beau linge, un habit de soie avec quelque broderie ; il aime à se voir paré, même il ne peut souffrir sur sa personne l'étoffe grossière qui ne sied qu'à un valet ; il faut que sur lui tout soit délicat et bon et noble et beau. Et cependant il n'a aucun savoir-faire pour se procurer tout cela, et pour le conserver quand il le possède. Sans cesse il manque d'argent, d'attention. Il laisse tantôt ici, tantôt là, quelque pièce de son ajustement ; il ne revient jamais d'un voyage qu'un tiers de ses effets ne lui manque ;

Ein Dritttheil seiner Sachen fehle. Bald
Bestiehlt ihn der Bediente. So, Antonio,
Hat man für ihn das ganze Jahr zu sorgen.

Antonio.

Und diese Sorge macht ihn lieb und lieber.
Glückſel'ger Jüngling, dem man seine Mängel
Zur Tugend rechnet, dem so schön vergönnt ist,
Den Knaben noch als Mann zu spielen, der
Sich seiner holden Schwäche rühmen darf!
Du müßtest mir verzeihen, schöne Freundin,
Wenn ich auch hier ein wenig bitter würde.
Du sagst nicht alles, sagst nicht, was er wagt
Und daß er klüger ist, als wie man denkt.
Er rühmt sich zweier Flammen! knüpft und löst
Die Knoten hin und wieder und gewinnt
Mit solchen Künsten solche Herzen! Iſt's
Zu glauben?

Leonore.

Gut! Selbst das beweist ja schon,
Daß es nur Freundschaft ist, was uns belebt.
Und wenn wir denn auch Lieb' um Liebe tauschten,
Belohnten wir das schöne Herz nicht billig,
Das ganz sich selbst vergißt und hingegeben
Im holden Traum für seine Freunde lebt?

Antonio.

Verwöhnt ihn nur und immer mehr und mehr,
Laßt seine Selbstigkeit für Liebe gelten,
Beleidigt alle Freunde, die sich euch
Mit treuer Seele widmen, gebt dem Stolzen
Freiwilligen Tribut, zerstöret ganz
Den schönen Kreis geselligen Vertrauns!

Leonore.

Wir sind nicht so parteiisch, wie du glaubst,
Ermahnen unsern Freund in manchen Fällen;
Wir wünschen ihn zu bilden, daß er mehr
Sich selbst genieße, mehr sich zu genießen
Den andern geben könne. Was an ihm
Zu tadeln ist, das bleibt uns nicht verborgen.

quelquefois un domestique le vole : ainsi, Antonio, on a toute l'année à prendre soin de lui.

ANTONIO. Et ces soins le font chérir toujours davantage. Heureux jeune homme, à qui l'on compte ses défauts comme des vertus ; à qui il est si doucement permis de jouer, étant homme, le rôle d'un enfant, et qui peut se faire honneur de sa gracieuse faiblesse ! Tu devrais me pardonner, belle amie, si je ressentais encore ici quelque amertume. Tu ne dis pas tout ; tu ne dis pas ce qu'il ose, et qu'il est plus habile qu'on ne pense. Il se glorifie de deux flammes ; il serre et délie les nœuds tour à tour, et avec de tels artifices, il fait de telles conquêtes !... Est-ce croyable ?

ÉLÉONORE. Bon ! Cela même prouve déjà que c'est la seule amitié qui nous anime. Et, quand nous rendrions amour pour amour, ne serait-ce pas l'équitable récompense de ce noble cœur, qui s'oublie lui-même entièrement, s'abandonne, et vit, pour ses amis, dans d'aimables songes ?

ANTONIO. Eh bien, gâtez-le de plus en plus ; faites passer son égoïsme pour de l'amour ; offensez tous vos amis, qui se consacrent à vous avec une âme fidèle ; payez à l'orgueilleux un tribut volontaire ; brisez enfin le cercle charmant d'une familière confiance.

ÉLÉONORE. Nous ne sommes pas aussi partiales que tu le crois : nous reprenons notre ami dans bien des cas ; nous désirons le former, pour qu'il jouisse davantage de lui-même, et qu'il puisse en faire jouir davantage les autres. Ce qui est blâmable en lui ne nous reste point caché.

Antonio.

Doch lobt ihr vieles, was zu tadeln wäre.
Ich kenn' ihn lang', er ist so leicht zu kennen
Und ist zu stolz, sich zu verbergen. Bald
Versinkt er in sich selbst, als wäre ganz
Die Welt in seinem Busen, er sich ganz
In seiner Welt genug, und alles rings
Umher verschwindet ihm. Er läßt es gehn,
Läßt's fallen, stößt's hinweg und ruht in sich —
Auf einmal, wie ein unbemerkter Funke
Die Mine zündet, sei es Freude, Leid,
Zorn oder Grille, heftig bricht er aus:
Dann will er alles fassen, alles halten,
Dann soll geschehn, was er sich denken mag;
In einem Augenblicke soll entstehn,
Was Jahre lang bereitet werden sollte,
In einem Augenblick gehoben sein,
Was Mühe kaum in Jahren lösen könnte.
Er fordert das Unmögliche von sich,
Damit er es von andern fordern dürfe.
Die letzten Enden aller Dinge will
Sein Geist zusammen fassen; das gelingt
Kaum Einem unter Millionen Menschen,
Und er ist nicht der Mann: er fällt zuletzt,
Um nichts gebessert, in sich selbst zurück.

Leonore.

Er schadet andern nicht, er schadet sich.

Antonio.

Und doch verletzt er andre nur zu sehr.
Kannst du es läugnen, daß im Augenblick
Der Leidenschaft, die ihn behend ergreift,
Er auf den Fürsten, auf die Fürstin selbst,
Auf wen es sei, zu schmähn, zu lästern wagt?
Zwar augenblicklich nur: allein genug,
Der Augenblick kommt wieder: er beherrscht
So wenig seinen Mund als seine Brust.

Leonore.

Ich sollte denken, wenn er sich von hier

ANTONIO. Mais vous louez beaucoup de choses qu'il faudrait blâmer. Je le connais depuis longtemps : il est facile à connaître, et il est trop fier pour se cacher. Tantôt il s'abîme en lui-même, comme si tout l'univers était dans son sein, comme si lui-même se suffisait dans son univers, et tout ce qui l'environne disparaît à ses yeux. Il laisse passer, il laisse tomber, il repousse tout bien loin, et se repose en lui-même. Tout à coup, comme une étincelle inaperçue embrase la mine, que ce soit douleur ou joie, colère ou caprice, il éclate avec violence : alors il veut tout saisir, tout posséder ; alors doit s'accomplir tout ce qu'il imagine. En un moment doit naître ce que des années devraient préparer ; en un moment disparaître ce que le travail des années pourrait à peine abolir. Il exige de lui l'impossible, afin de pouvoir l'exiger des autres. Son esprit veut embrasser à la fois les dernières extrémités de toutes choses, ce qui réussit à peine à un seul homme entre des millions, et il n'est pas cet homme-là : enfin il retombe sur lui-même, sans être du tout corrigé.

ÉLÉONORE. Il ne fait pas tort aux autres : il se fait tort à lui-même.

ANTONIO. Et cependant il ne blesse que trop les autres. Peux-tu nier que, dans le moment de la passion qui le saisit soudain, il n'ose invectiver, s'emporter contre le prince, contre la princesse elle-même, contre qui que ce soit ? Ce n'est qu'un moment, il est vrai, mais c'est bien assez : cet instant revient. Il gouverne aussi peu sa langue que son cœur.

ÉLÉONORE. Je suis disposée à croire que, s'il s'éloignait d'ici

Auf eine kurze Zeit entfernte, sollt'
Es wohl für ihn und andre nützlich sein.
Antonio.
Vielleicht, vielleicht auch nicht. Doch eben jetzt
Ist nicht daran zu denken. Denn ich will
Den Fehler nicht auf meine Schultern laden;
Es könnte scheinen, daß ich ihn vertreibe,
Und ich vertreib' ihn nicht. Um meinetwillen
Kann er an unserm Hofe ruhig bleiben;
Und wenn er sich mit mir versöhnen will,
Und wenn er meinen Rath befolgen kann,
So werden wir ganz leidlich leben können.
Leonore.
Nun hoffst du selbst auf ein Gemüth zu wirken,
Das dir vor kurzem noch verloren schien.
Antonio.
Wir hoffen immer, und in allen Dingen
Ist besser hoffen als verzweifeln. Denn
Wer kann das Mögliche berechnen? Er
Ist unserm Fürsten werth. Er muß uns bleiben.
Und bilden wir dann auch umsonst an ihm,
So ist er nicht der einz'ge, den wir dulden.
Leonore.
So ohne Leidenschaft, so unparteiisch
Glaubt' ich dich nicht. Du hast dich schnell bekehrt.
Antonio.
Das Alter muß doch Einen Vorzug haben,
Daß, wenn es auch dem Irrthum nicht entgeht,
Es doch sich auf der Stelle fassen kann.
Du warst, mich deinem Freunde zu versöhnen,
Zuerst bemüht. Nun bitt' ich es von dir.
Thu', was du kannst, daß dieser Mann sich finde,
Und alles wieder bald im Gleichen sei.
Ich gehe selbst zu ihm, sobald ich nur
Von dir erfahre, daß er ruhig ist,
Sobald du glaubst, daß meine Gegenwart
Das Uebel nicht vermehrt. Doch was du thust,
Das thu' in dieser Stunde; denn es geht

ACTE TROISIÈME, SCÈNE QUATRIÈME.

pour un peu de temps, cela serait bon pour lui et pour les autres.

ANTONIO. Peut-être, mais peut-être aussi que non. Au reste, pour le moment, il ne faut pas y songer : car je ne veux pas en porter le blâme sur mes épaules. Il pourrait sembler que je le chasse, et je ne le chasse point. Pour ce qui me regarde, il peut demeurer tranquille à la cour. Et, s'il veut se réconcilier avec moi, et s'il peut suivre mon conseil, nous pourrons vivre tout à fait tolérablement.

ÉLÉONORE. Ainsi tu espères toi-même agir sur un caractère qui, tout à l'heure encore, te semblait sans ressource ?

ANTONIO. Nous espérons toujours, et en toutes choses l'espérance vaut mieux que le désespoir. Car qui peut mesurer le possible ? Il est précieux à notre prince. Il faut qu'il nous reste. Et, si nous essayons vainement de le former, il n'est pas le seul que nous supporterons.

ÉLÉONORE. Je ne te croyais pas si exempt de passion, si impartial. Tu t'es promptement converti.

ANTONIO. Il faut bien que l'âge ait une prérogative ; que, lors même qu'il n'échappe pas à l'erreur, il puisse du moins se remettre sur-le-champ. Tu t'efforçais d'abord de me réconcilier avec ton ami : maintenant c'est moi qui t'en prie. Fais ce que tu pourras pour que cet homme revienne à lui, et que tout soit bientôt calmé. J'irai moi-même auprès de lui, aussitôt que je saurai par toi qu'il est tranquille ; aussitôt que tu croiras que ma présence n'augmentera pas le mal. Mais, ce que tu feras, fais-le à l'heure même ; car

Alphons heut Abend noch zurück, und ich
Werd' ihn begleiten. Leb' indessen wohl.

Fünfter Auftritt.

Leonore (allein).

Für dießmal, lieber Freund, sind wir nicht eins;
Mein Vortheil und der deine gehen heut
Nicht Hand in Hand. Ich nütze diese Zeit
Und suche Tasso zu gewinnen. Schnell!

Vierter Aufzug.

Erster Auftritt.

Zimmer.

Tasso (allein).

Bist du aus einem Traum erwacht, und hat
Der schöne Trug auf einmal dich verlassen?
Hat dich nach einem Tag der höchsten Lust
Ein Schlaf gebändigt, hält und ängstet nun
Mit schweren Fesseln deine Seele? Ja,
Du wachst und träumst. Wo sind die Stunden hin,
Die um dein Haupt mit Blumenkränzen spielten?
Die Tage, wo dein Geist mit freier Sehnsucht
Des Himmels ausgespanntes Blau durchdrang?
Und dennoch lebst du noch und fühlst dich an,
Du fühlst dich an und weißt nicht, ob du lebst.
Ist's meine Schuld, ist's eines Andern Schuld,
Daß ich mich nun als schuldig hier befinde?
Hab' ich verbrochen, daß ich leiden soll?
Ist nicht mein ganzer Fehler ein Verdienst?
Ich sah ihn an und ward vom guten Willen,
Vom Hoffnungswahn des Herzens übereilt:
Der sei ein Mensch, der menschlich Ansehn trägt.

Alphonse repartira dès ce soir et je l'accompagnerai. En attendant, adieu !

SCÈNE V.

ÉLÉONORE (seule). Pour cette fois, cher ami, nous ne sommes pas d'accord ; mon intérêt et le tien ne marchent pas aujourd'hui la main dans la main. Je vais profiter de ce moment et chercher à gagner le Tasse. Hâtons-nous.

ACTE IV.
Une chambre.

SCÈNE I.

LE TASSE (seul). Te réveilles-tu d'un songe, et cette belle illusion t'a-t-elle abandonné soudain ? Dans un jour de félicité suprême, es-tu saisi d'un sommeil qui retient et tourmente ton âme dans ses chaînes pesantes ? Oui, tu veilles et tu rêves. Où sont les heures qui jouaient autour de ton front avec des couronnes de fleurs ; les jours où ton esprit pénétrait, avec une libre ardeur, dans le vaste azur des cieux ? Et cependant tu vis encore, et tu as le sentiment de toi-même ; tu te sens et tu ne sais si tu existes. Est-ce ma faute, est-ce la faute d'un autre, si je me trouve ici maintenant comme coupable ? Ai-je failli, pour que je doive souffrir ? Toute ma faute n'est-elle pas un mérite ? Je le vis et fus entraîné par la bienveillance, par la confiante illusion du cœur, qu'il était un homme celui qui portait la figure humaine. Je courus

Ich ging mit offnen Armen auf ihn los,
Und fühlte Schloß und Riegel, keine Brust.
O hatt' ich doch so klug mir ausgedacht,
Wie ich den Mann empfangen wollte, der
Von alten Zeiten mir verdächtig war!
Allein was immer dir begegnet sei,
So halte dich an der Gewißheit fest:
Ich habe sie gesehn! Sie stand vor mir!
Sie sprach zu mir, ich habe sie vernommen!
Der Blick, der Ton, der Worte holder Sinn,
Sie sind auf ewig mein, es raubt sie nicht
Die Zeit, das Schicksal, noch das wilde Glück!
Und hob mein Geist sich da zu schnell empor,
Und ließ ich allzu rasch in meinem Busen
Der Flamme Luft, die mich nun selbst verzehrt,
So kann mich's nicht gereun, und wäre selbst
Auf ewig das Geschick des Lebens hin.
Ich widmete mich ihr und folgte froh
Dem Winke, der mich ins Verderben rief.
Es sei! So hab' ich mich doch werth gezeigt
Des köstlichen Vertrauns, das mich erquickt,
In dieser Stunde selbst erquickt, die mir
Die schwarze Pforte langer Trauerzeit
Gewaltsam öffnet. — Ja, nun ist's gethan!
Es geht die Sonne mir der schönsten Gunst
Auf einmal unter; seinen holden Blick
Entziehet mir der Fürst und läßt mich hier
Auf düstrem, schmalem Pfad verloren stehn.
Das häßliche zweideutige Geflügel,
Das leidige Gefolg' der alten Nacht,
Es schwärmt hervor und schwirrt mir um das Haupt.
Wohin, wohin beweg' ich meinen Schritt,
Dem Ekel zu entfliehn, der mich umsaust,
Dem Abgrund zu entgehn, der vor mir liegt?

ACTE QUATRIÈME, SCÈNE PREMIÈRE.

à lui les bras ouverts, et je sentis une serrure et des verrous, mais point de cœur. Et pourtant j'avais sagement réfléchi à la manière dont je devais accueillir cet homme, qui dès longtemps m'était suspect! Mais, quoi qu'il te soit arrivé, attache-toi fermement à la certitude : *je l'ai vue ; elle était devant moi ; elle m'a parlé : je l'ai comprise !* Le regard, l'accent, le sens aimable de ses paroles sont à moi pour toujours ; rien ne peut me les ravir, ni le temps, ni le sort, ni l'injurieuse fortune. Et si mon esprit s'est trop vite emporté, et si j'ai trop brusquement livré passage en mon sein à la flamme, qui maintenant me dévore moi-même, je ne puis m'en repentir, le bonheur de ma vie fût-il à jamais perdu. Je me suis dévoué à la princesse ; j'ai suivi avec joie le signe qui m'appelait à ma perte. Soit ! Je me suis du moins montré digne de la précieuse confiance qui me fortifie, qui me fortifie à l'heure même où la porte noire d'un long avenir de deuil s'ouvre violemment devant moi !... Oui, c'en est fait ! Le soleil disparaît soudain avec la faveur la plus belle ; le prince détourne de moi son gracieux regard, et me laisse égaré dans un sentier étroit et sombre ; l'affreux volatile à la double nature, funeste satellite de l'antique Nuit, prend son essor et voltige autour de ma tête. Où donc, où porterai-je mes pas, pour fuir la hideuse troupe que j'entends frémir, pour éviter l'abîme qui s'ouvre devant moi?

Zweiter Auftritt.

Leonore. Tasso.

Leonore.
Was ist begegnet? Lieber Tasso, hat
Dein Eifer dich, dein Argwohn so getrieben?
Wie ist's geschehn? Wir alle stehn bestürzt.
Und deine Sanftmuth, dein gefällig Wesen,
Dein schneller Blick, dein richtiger Verstand,
Mit dem du jedem giebst, was ihm gehört,
Dein Gleichmuth, der erträgt, was zu ertragen
Der Edle bald, der Eitle selten lernt,
Die kluge Herrschaft über Zung' und Lippe? —
Mein theurer Freund, fast ganz verkenn' ich dich.

Tasso.
Und wenn das alles nun verloren wäre?
Wenn einen Freund, den du einst reich geglaubt,
Auf einmal du als einen Bettler fändest?
Wohl hast du recht, ich bin nicht mehr ich selbst,
Und bin's doch noch so gut, als wie ich's war.
Es scheint ein Räthsel, und doch ist es keins.
Der stille Mond, der dich bei Nacht erfreut,
Dein Auge, dein Gemüth mit seinem Schein
Unwiderstehlich lockt, er schwebt am Tage
Ein unbedeutend blasses Wölkchen hin.
Ich bin vom Glanz des Tages überschienen,
Ihr kennet mich, ich kenne mich nicht mehr.

Leonore.
Was du mir sagst, mein Freund, versteh' ich nicht,
Wie du es sagst. Erkläre dich mit mir.
Hat die Beleidigung des schroffen Manns
Dich so gekränkt, daß du dich selbst und uns
So ganz verkennen magst? Vertraue mir.

Tasso.
Ich bin nicht der Beleidigte, du siehst
Mich ja bestraft, weil ich beleidigt habe.
Die Knoten vieler Worte löst das Schwert

SCÈNE II.

ÉLÉONORE, LE TASSE.

ÉLÉONORE. Que s'est-il passé? Cher Tasse, ton ardeur, ta défiance, ont-elles pu t'emporter ainsi? Comment cela est-il arrivé? Nous sommes tous consternés. Et ta douceur et tes manières prévenantes, ton coup d'œil rapide, la droite raison avec laquelle tu rends à chacun ce qui lui appartient; ton humeur égale, qui supporte ce qu'une âme généreuse apprend bien vite à supporter, ce qu'une âme vaine apprend rarement; ce sage empire sur ta langue et tes lèvres... Mon cher ami, j'ai peine à te reconnaître.

LE TASSE. Et si tout cela était perdu maintenant? Si un ami, que tu avais cru riche un jour, se trouvait être tout à coup comme un mendiant? Tu as bien raison; je ne suis plus moi-même, et pourtant je le suis aussi bien que je l'étais. Cela semble une énigme, et toutefois ce n'en est pas une. Cette lune paisible, qui te charme pendant la nuit, dont la lumière attire invinciblement tes yeux et ton cœur, elle passe pendant le jour comme un petit nuage pâle et insignifiant. Je suis effacé par l'éclat du jour; vous me connaissez, je ne me connais plus.

ÉLÉONORE. Ce que tu me dis, mon ami, je ne comprends pas comment tu peux le dire. Explique-toi : l'offense de cet homme dur a-t-elle pu si fort te blesser, que tu veuilles méconnaître absolument et nous et toi-même? Ouvre-moi ton cœur.

LE TASSE. Je ne suis pas l'offensé : tu me vois puni comme auteur de l'offense. L'épée délie bien aisément et bien vite les

Gar leicht und schnell, allein ich bin gefangen.
Du weißt wohl kaum — erschrick nicht, zarte Freundin —
Du triffst den Freund in einem Kerker an.
Mich züchtiget der Fürst, wie einen Schüler.
Ich will mit ihm nicht rechten, kann es nicht.
Leonore.
Du scheinest mehr, als billig ist, bewegt.
Tasso.
Hältst du mich für so schwach, für so ein Kind,
Daß solch ein Fall mich gleich zerrütten könne?
Das, was geschehn ist, kränkt mich nicht so tief,
Allein das kränkt mich, was es mir bedeutet.
Laß meine Neider, meine Feinde nur
Gewähren! Frei und offen ist das Feld.
Leonore.
Du hast gar manchen fälschlich in Verdacht,
Ich habe selbst mich überzeugen können.
Und auch Antonio feindet dich nicht an,
Wie du es wähnst. Der heutige Verdruß —
Tasso.
Den laß' ich ganz bei Seite, nehme nur
Antonio, wie er war und wie er bleibt.
Verdrießlich fiel mir stets die steife Klugheit,
Und daß er immer nur den Meister spielt.
Anstatt zu forschen, ob des Hörers Geist
Nicht schon für sich auf guten Spuren wandle,
Belehrt er dich von manchem, das du besser
Und tiefer fühltest, und vernimmt kein Wort,
Das du ihm sagst, und wird dich stets verkennen.
Verkannt zu sein, verkannt von einem Stolzen,
Der lächelnd dich zu übersehn glaubt!
Ich bin so alt noch nicht und nicht so klug,
Daß ich nur duldend gegenlächeln sollte.
Früh oder spät, es konnte sich nicht halten,
Wir mußten brechen; später wär' es nur
Um desto schlimmer worden. Einen Herrn
Erkenn' ich nur, den Herrn, der mich ernährt,
Dem folg' ich gern, sonst will ich keinen Meister.

nœuds de mille paroles, mais je suis prisonnier. Tu le sais peut-être à peine... (ne t'effraye pas, tendre amie) tu trouves ton ami dans une prison. Le prince me châtie comme un écolier. Je ne veux pas contester avec lui ; je ne peux.

ÉLÉONORE. Tu parais plus ému que de raison.

LE TASSE. Me crois-tu si faible, si enfant, qu'un pareil accident puisse d'abord me troubler ? Ce qui est arrivé ne m'afflige pas si profondément : ce qui m'afflige, c'est l'augure que j'en tire. Laisse seulement agir mes envieux, mes ennemis ! Le champ est libre et ouvert.

ÉLÉONORE. Tu as de faux soupçons sur beaucoup de gens : j'ai pu m'en convaincre. Antonio lui-même n'est pas ton ennemi, comme tu te l'imagines. Le démêlé d'aujourd'hui...

LE TASSE. Je le laisse entièrement de côté ; je me contente de prendre Antonio pour ce qu'il était, pour ce qu'il est encore. J'ai toujours été choqué de sa sagesse empesée, et de ce qu'il ne cesse de jouer le rôle de pédant. Au lieu de s'enquérir si l'esprit de celui qui l'écoute ne marche pas déjà par lui-même dans de bonnes voies, il vous enseigne maintes choses que vous sentez mieux et plus profondément, et n'entend pas un mot de ce que vous lui dites, et vous méconnaîtra toujours. Être méconnu, méconnu par un orgueilleux, qui croit vous dominer en souriant ! Je ne suis pas encore assez vieux et assez sage, pour me contenter d'en sourire à mon tour patiemment. Tôt ou tard... cela ne pouvait durer... il fallait rompre. Plus tard cela eût été pire encore. Je ne reconnais qu'un maître, le maître qui me nourrit ; je lui obéis volontiers, mais je ne veux point de pédagogue. Je veux être

Frei will ich sein im Denken und im Dichten;
Im Handeln schränkt die Welt genug uns ein.

Leonore.

Er spricht mit Achtung oft genug von dir.

Tasso.

Mit Schonung willst du sagen, fein und klug.
Und das verdrießt mich eben; denn er weiß
So glatt und so bedingt zu sprechen, daß
Sein Lob erst recht zum Tadel wird, und daß
Nichts mehr, nichts tiefer dich verletzt, als Lob
Aus seinem Munde.

Leonore.

Möchtest du, mein Freund,
Vernommen haben, wie er sonst von dir
Und dem Talente sprach, das dir vor vielen
Die gütige Natur verlieh. Er fühlt gewiß
Das, was du bist und hast, und schätzt es auch.

Tasso.

O glaube mir, ein selbstisches Gemüth
Kann nicht der Qual des engen Neids entfliehn.
Ein solcher Mann verzeiht dem andern wohl
Vermögen, Stand und Ehre; denn er denkt,
Das hast du selbst, das hast du, wenn du willst,
Wenn du beharrst, wenn dich das Glück begünstigt.
Doch das, was die Natur allein verleiht,
Was jeglicher Bemühung, jedem Streben
Stets unerreichbar bleibt, was weder Gold,
Noch Schwert, noch Klugheit, noch Beharrlichkeit
Erzwingen kann, das wird er nie verzeihn.
Er gönnt es mir? Er, der mit steifem Sinn
Die Gunst der Musen zu ertrotzen glaubt?
Der, wenn er die Gedanken mancher Dichter
Zusammenreiht, sich selbst ein Dichter scheint?
Weit eher gönnt er mir des Fürsten Gunst,
Die er doch gern auf sich beschränken möchte,
Als das Talent, das jene Himmlischen
Dem armen, dem verwaisten Jüngling gaben.

libre dans mes pensées et mes inspirations : le monde ne nous gêne que trop dans notre conduite.

ÉLÉONORE. Antonio parle assez souvent de toi avec estime.

LE TASSE. Avec ménagement, veux-tu dire, par finesse et par prudence. Et c'est justement ce qui me fâche ; car il sait parler avec tant de politesse et de précautions, que son éloge finit par devenir une véritable censure, et que rien ne blesse plus vivement, plus profondément, qu'une louange de sa bouche.

ÉLÉONORE. Si tu avais entendu, mon ami, comme il parlait de toi et du talent que la nature favorable t'a dispensé par préférence à la foule ! Assurément, il sent ce que tu es, ce que tu possèdes, et il sait l'estimer aussi.

LE TASSE. Ah ! crois-moi, un cœur égoïste ne peut échapper au tourment de l'étroite envie. Un tel homme pardonnera peut-être à un autre la richesse, le rang et les honneurs, parce qu'il se dit : « Tu possèdes cela toi-même ; tu le posséderas, si tu veux, si tu persévères, si la fortune te favorise. » Mais, ce que dispense la seule nature, ce qui reste à jamais inaccessible à tout labeur, à tout effort ; ce que ni l'or, ni l'épée, ni l'habileté, ni la persévérance ne peuvent conquérir, il ne le pardonnera jamais. Il ne me l'envie pas ? Lui, qui, avec son esprit guindé, pense extorquer la faveur des Muses, et, lorsqu'il ramasse les pensées de quelques poètes, se croit poète lui-même ? Il me cédera bien plutôt la faveur du prince, qu'il serait charmé pourtant de concentrer sur lui, que le talent dont ces filles célestes ont doué le jeune et pauvre orphelin.

Leonore.

O sähest du so klar, wie ich es sehe!
Du irrst dich über ihn; so ist er nicht.

Tasso.

Und irr' ich mich an ihm, so irr' ich gern!
Ich denk' ihn mir als meinen ärgsten Feind
Und wär' untröstlich, wenn ich mir ihn nun
Gelinder denken müßte. Thöricht ist's,
In allen Stücken billig sein; es heißt
Sein eigen Selbst zerstören. Sind die Menschen
Denn gegen uns so billig? Nein, o nein!
Der Mensch bedarf in seinem engen Wesen
Der doppelten Empfindung, Lieb' und Haß.
Bedarf er nicht der Nacht als wie des Tags?
Des Schlafens wie des Wachens? Nein ich muß
Von nun an diesen Mann als Gegenstand
Von meinem tiefsten Haß behalten; nichts
Kann mir die Lust entreißen, schlimm und schlimmer
Von ihm zu denken.

Leonore.

Willst du, theurer Freund,
Von deinem Sinn nicht lassen, seh' ich kaum,
Wie du am Hofe länger bleiben willst.
Du weißt, wie viel er gilt und gelten muß.

Tasso.

Wie sehr ich längst, o schöne Freundin, hier
Schon überflüssig bin, das weiß ich wohl.

Leonore.

Das bist du nicht, das kannst du nimmer werden!
Du weißt vielmehr, wie gern der Fürst mit dir,
Wie gern die Fürstin mit dir lebt; und kommt
Die Schwester von Urbino, kommt sie fast
So sehr um deint= als der Geschwister willen.
Sie denken alle gut und gleich von dir,
Und jegliches vertraut dir unbedingt.

Tasso.

O Leonore, welch' Vertraun ist das?
Hat er von seinem Staate je ein Wort,
Ein ernstes Wort mit mir gesprochen? Kam

ÉLÉONORE. Oh! que ne vois-tu la chose aussi clairement que je la vois! Tu te trompes sur Antonio : il n'est pas comme cela.

LE TASSE. Et si je me trompe sur lui, je me trompe volontiers! Je le regarde comme mon plus perfide ennemi, et je serais inconsolable, si je devais maintenant me le figurer plus doux. C'est une folie d'être équitable de tout point : c'est vouloir détruire sa propre nature. Les hommes sont-ils donc si équitables pour nous? Non, oh! non. Dans sa nature bornée, l'homme a besoin de deux sentiments, l'amour et la haine. N'a-t-il pas besoin de la nuit comme du jour, du sommeil comme de la veille? Oui, je dois désormais tenir cet homme pour l'objet de ma haine la plus profonde; rien ne pourra m'arracher le plaisir de penser mal et toujours plus mal de lui.

ÉLÉONORE. Si tu ne veux pas, cher ami, changer de sentiment, j'ai peine à comprendre que tu veuilles rester plus longtemps à la cour. Tu sais comme il est considéré, et comme il doit l'être!

LE TASSE. A quel point, et depuis longtemps, ma belle amie, je suis ici de trop, je le sais fort bien.

ÉLÉONORE. Tu ne l'es point, tu ne le seras jamais! Tu sais, au contraire, combien le prince, combien la princesse aiment à vivre avec toi; et, quand la duchesse d'Urbin vient ici, elle y vient presque autant pour toi que pour sa sœur et son frère. Ils te sont tous attachés et tous également; et chacun d'eux se fie en toi sans réserve.

LE TASSE. Éléonore, quelle confiance!... M'a-t-il jamais dit un mot, un mot sérieux de ses affaires d'État? S'il survenait un in-

Ein eigner Fall, worüber er sogar
In meiner Gegenwart mit seiner Schwester,
Mit andern sich berieth, mich fragt' er nie.
Da hieß es immer nur: Antonio kommt!
Man muß Antonio schreiben! fragt Antonio!
Leonore.
Du klagst, anstatt zu danken. Wenn er dich
In unbedingter Freiheit lassen mag,
So ehrt er dich, wie er dich ehren kann.
Tasso.
Er läßt mich ruhn, weil er mich unnütz glaubt.
Leonore.
Du bist nicht unnütz, eben weil du ruhst.
So lange hegst du schon Verdruß und Sorge,
Wie ein geliebtes Kind, an deiner Brust.
Ich hab' es oft bedacht, und mag's bedenken,
Wie ich es will, auf diesem schönen Boden,
Wohin das Glück dich zu verpflanzen schien,
Gedeihst du nicht. O Tasso! — rath' ich dir's?
Sprech' ich es aus? — Du solltest dich entfernen!
Tasso.
Verschone nicht den Kranken, lieber Arzt!
Reich' ihm das Mittel, denke nicht daran,
Ob's bitter sei. — Ob er genesen könne,
Das überlege wohl, o kluge, gute Freundin!
Ich seh' es alles selbst, es ist vorbei!
Ich kann ihm wohl verzeihen, er nicht mir;
Und sein bedarf man, leider! meiner nicht.
Und er ist klug, und leider! bin ich's nicht.
Er wirkt zu meinem Schaden, und ich kann,
Ich mag nicht gegenwirken. Meine Freunde,
Sie lassen's gehn, sie sehen's anders an,
Sie widerstreben kaum, und sollten kämpfen.
Du glaubst, ich soll hinweg; ich glaub' es selbst —
So lebt denn wohl! Ich werd' auch das ertragen.
Ihr seid von mir geschieden — werd' auch mir,
Von euch zu scheiden, Kraft und Muth verliehn!
Leonore.
Auch in der Ferne zeigt sich alles reiner,

cident, sur lequel il conférait, même en ma présence, avec sa sœur, avec d'autres, il ne m'a jamais consulté. On n'avait alors qu'une parole à la bouche : « Antonio vient ! Il faut écrire à Antonio ! Consultez Antonio ! »

ÉLÉONORE. Tu te plains et tu devrais le remercier ; s'il veut te laisser dans une liberté absolue, c'est qu'il t'honore comme il peut t'honorer.

LE TASSE. Il me laisse en repos, parce qu'il me juge inutile.

ÉLÉONORE. C'est précisément parce que tu te reposes, que tu n'es pas inutile. Peux-tu nourrir si longtemps dans ton cœur, comme un enfant chéri, le souci et le chagrin ? Je l'ai souvent observé, et je puis l'observer comme je le veux, dans ces beaux lieux, où le bonheur semblait t'avoir transplanté, tu ne prospères point. O Tasse !... te le conseillerai-je ? dois-je le dire ?... Tu devrais t'éloigner !

LE TASSE. N'épargne pas le malade, aimable médecin ! Offre-lui le remède ; ne songe point s'il est amer..... Pourra-t-il guérir, voilà ce qu'il te faut bien considérer, ô sage et bienveillante amie ! Je vois tout cela moi-même : c'est fini ! Je peux bien lui pardonner : il ne me pardonnera pas. Hélas ! et l'on a besoin de lui et non pas de moi. Il est sage, hélas ! et je ne le suis pas. Il travaille à ma perte, et je ne puis, je ne veux pas lutter contre lui. Mes amis laissent aller la chose ; ils la voient autrement ; ils résistent à peine, et ils devraient combattre. Tu crois qu'il faut que je parte : je le crois aussi. Adieu donc ! Je supporterai encore cela. Vous vous êtes séparés de moi..... Que la force et le courage me soient aussi donnés pour me séparer de vous !

ÉLÉONORE. Dans l'éloignement se montre aussi avec plus de

Was in der Gegenwart uns nur verwirrt.
Vielleicht wirst du erkennen, welche Liebe
Dich überall umgab, und welchen Werth
Die Treue wahrer Freunde hat, und wie
Die weite Welt die Nächsten nicht ersetzt.

Tasso.

Das werden wir erfahren! Kenn' ich doch
Die Welt von Jugend auf, wie sie so leicht
Uns hülflos, einsam läßt und ihren Weg
Wie Sonn' und Mond und andre Götter geht.

Leonore.

Vernimmst du mich, mein Freund, so sollst du nie
Die traurige Erfahrung wiederholen.
Soll ich dir rathen, so begiebst du dich
Erst nach Florenz, und eine Freundin wird
Gar freundlich für dich sorgen. Sei getrost,
Ich bin es selbst. Ich reise, den Gemahl
Die nächsten Tage dort zu finden, kann
Nichts freudiger für ihn und mich bereiten,
Als wenn ich dich in unsre Mitte bringe.
Ich sage dir kein Wort, du weißt es selbst,
Welch einem Fürsten du dich nahen wirst,
Und welche Männer diese schöne Stadt
In ihrem Busen hegt, und welche Frauen.
Du schweigst? Bedenk' es wohl! Entschließe dich.

Tasso.

Gar reizend ist, was du mir sagst, so ganz
Dem Wunsch gemäß, den ich im Stillen nähre;
Allein es ist zu neu: ich bitte dich,
Laß mich bedenken, ich beschließe bald.

Leonore.

Ich gehe mit der schönsten Hoffnung weg
Für dich und uns und auch für dieses Haus.
Bedenke nur, und wenn du recht bedenkst,
So wirst du schwerlich etwas Bessers denken.

Tasso.

Noch eins, geliebte Freundin! sage mir,
Wie ist die Fürstin gegen mich gesinnt?

ACTE QUATRIÈME, SCÈNE DEUXIÈME.

pureté tout ce qui nous trouble en présence de l'objet. Tu reconnaîtras peut-être quelle affection t'environnait partout, quelle valeur a la fidélité de véritables amis, et que le vaste monde ne remplace point l'intimité.

LE TASSE. Nous en ferons l'épreuve ! Cependant je connais le monde dès ma jeunesse ; je sais comme aisément il nous laisse dénués, solitaires, et passe son chemin, ainsi que le soleil et la lune et les autres dieux.

ÉLÉONORE. Veux-tu m'en croire, mon ami, tu ne répéteras jamais cette triste expérience. Si je puis te donner un conseil, tu te rendras d'abord à Florence, et une amie prendra soin de toi avec la plus grande affection. Sois tranquille : c'est moi-même. Je pars, pour y rejoindre mon mari au premier jour ; je ne puis rien ménager de plus agréable pour lui et pour moi que de t'introduire dans nos foyers. Je ne dis rien de plus ; tu sais toi-même de quel prince tu vas approcher, et quels hommes cette belle cité renferme dans son sein et quelles femmes !... Tu gardes le silence ? Songes-y bien ! Décide-toi !

LE TASSE. Ce que tu me proposes est bien séduisant et tout à fait conforme au désir que je nourris en secret ; mais c'est trop nouveau. Je t'en prie, laisse-moi réfléchir : je me résoudrai bientôt.

ÉLÉONORE. Je pars avec la plus belle espérance pour toi et pour nous et aussi pour cette maison. Songes-y seulement ! et, si tu y songes bien, tu imagineras difficilement quelque chose de meilleur.

LE TASSE. Encore un mot, chère amie !... Dis-moi, comment la princesse est-elle disposée à mon égard ! Était-elle irritée

War sie erzürnt auf mich? Was sagte sie? —
Sie hat mich sehr getadelt? Rede frei.
Leonore.
Da sie dich kennt, hat sie dich leicht entschuldigt.
Tasso.
Hab' ich bei ihr verloren? Schmeichle nicht.
Leonore.
Der Frauen Gunst wird nicht so leicht verscherzt.
Tasso.
Wird sie mich gern entlassen, wenn ich gehe?
Leonore.
Wenn es zu deinem Wohl gereicht, gewiß.
Tasso.
Werd' ich des Fürsten Gnade nicht verlieren?
Leonore.
In seiner Großmuth kannst du sicher ruhn.
Tasso.
Und lassen wir die Fürstin ganz allein?
Du gehst hinweg; und wenn ich wenig bin,
So weiß ich doch, daß ich ihr etwas war.
Leonore.
Gar freundliche Gesellschaft leistet uns
Ein ferner Freund, wenn wir ihn glücklich wissen.
Und es gelingt, ich sehe dich beglückt;
Du wirst von hier nicht unzufrieden gehn.
Der Fürst befahl's, Antonio sucht dich auf.
Er tadelt selbst an sich die Bitterkeit,
Womit er dich verletzt. Ich bitte dich,
Nimm ihn gelassen auf, so wie er kommt.
Tasso.
Ich darf in jedem Sinne vor ihm stehn.
Leonore.
Und schenke mir der Himmel, lieber Freund,
Noch eh' du scheidest, dir das Aug' zu öffnen:
Daß niemand dich im ganzen Vaterlande
Verfolgt und haßt und heimlich drückt und neckt;
Du irrst gewiß, und wie du sonst zur Freude
Von andern dichtest, leider dichtest du
In diesem Fall ein seltenes Gewebe,

contre moi ? Que disait-elle ?... Elle m'a beaucoup blâmé ?... Parle librement !

ÉLÉONORE. Comme elle te connaît, elle t'a facilement excusé.

LE TASSE. Ai-je perdu dans son esprit ? Ne me flatte point !

ÉLÉONORE. On ne perd pas si aisément la faveur des femmes.

LE TASSE. Me laissera-t-elle aller de bon gré, si je pars ?

ÉLÉONORE. Assurément, si cela tourne à ton bien.

LE TASSE. Ne perdrai-je pas les bonnes grâces du prince ?

ÉLÉONORE. Tu peux te reposer avec confiance sur sa générosité.

LE TASSE. Et laisserons-nous la princesse toute seule ? Tu t'en vas, et, si peu que je sois, je sais pourtant que j'étais quelque chose pour elle.

ÉLÉONORE. Un ami absent nous est encore une très agréable compagnie, quand nous le savons heureux. Et cela ira bien ; je te vois satisfait. Tu ne partiras pas d'ici mécontent. Sur l'ordre du prince, Antonio te cherche, il condamne lui-même les paroles amères par lesquelles il t'a offensé. Je t'en prie, reçois-le de sang-froid, comme il viendra lui-même.

LE TASSE. De toute manière, je puis me montrer devant lui.

ÉLÉONORE. Et qu'avant ton départ, cher ami, le ciel m'accorde de te faire voir que personne, dans toute la patrie, ne te poursuit et ne te hait, ne t'opprime et ne te persécute secrètement ! Tu te trompes assurément, et, comme tu inventes souvent pour le plaisir des autres, tu inventes, hélas ! dans cette circonstance, une trame

Dich selbst zu kränken. Alles will ich thun,
Um es entzwei zu reißen, daß du frei
Den schönen Weg des Lebens wandeln mögest.
Leb' wohl! Ich hoffe bald ein glücklich Wort.

Dritter Auftritt.

Tasso (allein).

Ich soll erkennen, daß mich niemand haßt,
Daß niemand mich verfolgt, daß alle List
Und alles heimliche Gewebe sich
Allein in meinem Kopfe spinnt und webt!
Bekennen soll ich, daß ich Unrecht habe
Und Manchem Unrecht thue, der es nicht
Um mich verdient! Und das in einer Stunde,
Da vor dem Angesicht der Sonne klar
Mein volles Recht, wie ihre Tücke, liegt!
Ich soll es tief empfinden, wie der Fürst
Mit offner Brust mir seine Gunst gewährt,
Mit reichem Maß die Gaben mir ertheilt,
Im Augenblicke, da er, schwach genug,
Von meinen Feinden sich das Auge trüben
Und seine Hand gewiß auch fesseln läßt!
Daß er betrogen ist, kann er nicht sehen;
Daß sie Betrüger sind, kann ich nicht zeigen;
Und nur damit er ruhig sich betrüge,
Daß sie gemächlich ihn betrügen können,
Soll ich mich stille halten, weichen gar!
Und wer giebt mir den Rath? Wer bringt so klug
Mit treuer, lieber Meinung auf mich ein?
Lenore selbst, Lenore Sanvitale,
Die zarte Freundin! Ha, dich kenn' ich nun!
O warum traut' ich ihrer Lippe je!
Sie war nicht redlich, wenn sie noch so sehr
Mir ihre Gunst, mir ihre Zärtlichkeit
Mit süßen Worten zeigte! Nein, sie war
Und bleibt ein listig Herz, sie wendet sich
Mit leisen klugen Tritten nach der Gunst.

bizarre, pour t'affliger toi-même. Je veux tout faire pour la rompre, afin que tu puisses parcourir librement le beau chemin de la vie. Adieu, j'espère bientôt une heureuse réponse.

SCÈNE III.

LE TASSE (seul). Je devrais reconnaître que personne ne me hait, que personne ne me persécute ; que toute la ruse, toute la trame secrète est filée et ourdie uniquement dans ma tête ! Je devrais avouer que j'ai tort et que je fais tort à des gens qui ne l'ont pas mérité de moi ! Et cela, à l'heure où mon plein droit, comme leur malice, se montre clairement à la face du soleil ! Il faut que je sente profondément comme, d'un cœur ouvert, le prince m'assure sa faveur, m'en dispense les dons avec une large mesure, au moment où il est assez faible pour souffrir que mes ennemis lui obscurcissent la vue, et sans doute enchaînent aussi sa main ! Il est trompé et il ne peut le voir ; ils sont les trompeurs, et je ne puis le prouver. Et seulement pour qu'il se trompe d'un cœur tranquille, pour que mes ennemis puissent le tromper à leur aise, je dois me taire, je dois même quitter la place ! Et qui me donne ce conseil ? Qui me presse sagement, avec un sentiment affectueux et fidèle ? Eléonore elle-même, Eléonore Sanvitale, la tendre amie ! Ah ! je te connais maintenant ! Pourquoi me suis-je fié jamais à ses lèvres ? Elle n'était pas sincère, si vivement qu'elle me témoignât, par de douces paroles, sa bienveillance, sa tendresse ! Non, elle avait, elle a toujours le cœur perfide ; elle se tourne, d'une marche habile et légère, vers la faveur..... Que

Wie oft hab' ich mich willig selbst betrogen,
Auch über sie! Und doch im Grunde hat
Mich nur — die Eitelkeit betrogen. Wohl!
Ich kannte sie und schmeichelte mir selbst.
So ist sie gegen andre, sagt' ich mir,
Doch gegen dich ist's offne treue Meinung.
Nun seh' ich's wohl, und seh' es nur zu spät:
Ich war begünstigt, und sie schmiegte sich
So zart — an den Beglückten. Nun ich falle,
Sie wendet mir den Rücken wie das Glück.
Nun kommt sie als ein Werkzeug meines Feindes,
Sie schleicht heran und zischt mit glatter Zunge,
Die kleine Schlange, zauberische Töne.
Wie lieblich schien sie! Lieblicher als je!
Wie wohl that von der Lippe jedes Wort!
Doch konnte mir die Schmeichelei nicht lang
Den falschen Sinn verbergen; an der Stirne
Schien ihr das Gegentheil zu klar geschrieben
Von allem, was sie sprach. Ich fühl' es leicht,
Wenn man den Weg zu meinem Herzen sucht
Und es nicht herzlich meint. Ich soll hinweg?
Soll nach Florenz, sobald ich immer kann?
Und warum nach Florenz? Ich seh' es wohl.
Dort herrscht der Mediceer neues Haus,
Zwar nicht in offner Feindschaft mit Ferrara,
Doch hält der stille Neid mit kalter Hand
Die edelsten Gemüther aus einander.
Empfang' ich dort von jenen edeln Fürsten
Erhabne Zeichen ihrer Gunst wie ich
Gewiß erwarten dürfte, würde bald
Der Höfling meine Treu' und Dankbarkeit
Verdächtig machen. Leicht geläng es ihm.
Ja, ich will weg, allein nicht wie ihr wollt;
Ich will hinweg, und weiter, als Ihr denkt.
Was soll ich hier? Wer hält mich hier zurück?
O ich verstand ein jedes Wort zu gut,
Das ich Lenoren von den Lippen lockte!
Von Sylb' zu Sylbe nur erhascht' ich's kaum,
Und weiß nun ganz, wie die Prinzessin denkt!

ACTE QUATRIÈME, SCÈNE TROISIÈME.

de fois me suis-je plu moi-même à me tromper aussi sur elle ! Et cependant, au fond, c'est la vanité seule qui m'a trompé. Oui, je la connaissais et je me flattais moi-même. « Elle est ainsi avec les autres, me disais-je ; mais avec toi son cœur est ouvert et fidèle. » Maintenant je le vois bien, et je le vois trop tard, j'étais en faveur et elle s'attachait tendrement..... à l'homme heureux. Aujourd'hui je tombe, et, comme la fortune, elle me tourne le dos..... Elle vient à moi maintenant comme instrument de mon ennemi; elle s'approche en rampant, et, de sa langue flatteuse, la petite vipère, elle siffle un chant magique. Comme elle semblait aimable ! Plus aimable que jamais ! Comme chaque mot de ses lèvres était caressant! Mais la flatterie n'a pu longtemps me cacher l'intention perfide: sur son front paraissait trop clairement écrit le contraire de tout ce qu'elle disait. Je le sens bientôt, lorsqu'on cherche le chemin de mon cœur, et que l'on n'a pas des sentiments sincères. Il faut que je parte? Il faut que je me rende à Florence aussitôt que possible? Pourquoi donc à Florence ? Je le vois bien. Là règne la nouvelle maison de Médicis ; elle n'est pas, il est vrai, en hostilité ouverte avec Ferrare, mais la secrète jalousie sépare, avec sa main glacée, les plus nobles cœurs. Si je recevais de ces illustres princes des marques signalées de faveur, comme j'oserais certainement les attendre, le courtisan rendrait bientôt suspectes ma fidélité et ma reconnaissance : cela lui réussirait aisément..... Oui, je partirai, mais non comme vous voulez ; je partirai, et j'irai plus loin que vous ne pensez. Que fais-je ici? Qui me retient? Ah ! j'ai bien compris chaque parole que je tirais des lèvres d'Éléonore. J'arrachais à peine syllabe par syllabe, et, cette fois, je sais parfaitement ce que pense la princesse..... Oui,

Ja, ja, auch das ist wahr, verzweifle nicht!
„Sie wird mich gern entlassen, wenn ich gehe,
Da es zu meinem Wohl gereicht." O! fühlte
Sie eine Leidenschaft im Herzen, die mein Wohl
Und mich zu Grunde richtete! Willkommner
Ergriffe mich der Tod, als diese Hand,
Die kalt und starr mich von sich läßt! — Ich gehe! —
Nun hüte dich, und laß dich keinen Schein
Von Freundschaft oder Güte täuschen! Niemand
Betrügt dich nun, wenn du dich nicht betrügst.

Vierter Auftritt.

Antonio. Tasso.

Antonio.
Hier bin ich, Tasso, dir ein Wort zu sagen,
Wenn du mich ruhig hören magst und kannst.
Tasso.
Das Handeln, weißt du, bleibt mir untersagt;
Es ziemt mir wohl, zu warten und zu hören.
Antonio.
Ich treffe dich gelassen, wie ich wünschte,
Und spreche gern zu dir aus freier Brust.
Zuvörderst lös' ich in des Fürsten Namen
Das schwache Band, das dich zu fesseln schien.
Tasso.
Die Willkür macht mich frei, wie sie mich band;
Ich nehm es an und fordre kein Gericht.
Antonio.
Dann sag' ich dir von mir: Ich habe dich
Mit Worten, scheint es, tief und mehr gekränkt
Als ich, von mancher Leidenschaft bewegt,
Es selbst empfand. Allein kein schimpflich Wort
Ist meinen Lippen unbedacht entflohen;
Zu rächen hast du nichts als Edelmann
Und wirst als Mensch Vergebung nicht versagen.

oui, cela aussi est vrai : ne te désespère pas. « Elle me laissera aller de bon gré, si je pars, puisque c'est pour mon bien. » Ah ! si elle sentait dans le cœur une passion qui détruisît mon bonheur et moi-même !..... Bien venue la mort, qui me saisirait, plutôt que cette main qui m'abandonne avec froideur et sécheresse !...... Je pars..... Maintenant observe-toi, et ne te laisse séduire par aucun dehors d'amitié ou de bienveillance. Nul ne t'abusera cette fois, si tu ne t'abuses toi-même.

SCÈNE IV.

ANTONIO LE TASSE.

ANTONIO. Je viens, Tasse, pour te dire quelques mots, si tu veux et si tu peux m'écouter tranquillement.

LE TASSE. L'action, tu le sais, me demeure interdite : mon rôle est d'attendre et d'écouter.

ANTONIO. Je te trouve tranquille, comme je souhaitais, et je te parlerai, avec plaisir, d'un cœur sincère. D'abord je brise, au nom du prince, le faible lien qui semblait te tenir captif.

LE TASSE. Le bon plaisir me délivre comme il m'enchaîna : j'accepte et ne demande point de jugement.

ANTONIO. Je te dirai ensuite en mon nom : Je t'ai offensé, semble-t-il, profondément par mes paroles et plus que je ne l'ai senti moi-même, étant agité de diverses passions. Mais aucune parole injurieuse ne s'est échappée inconsidérément de mes lèvres ; le gentilhomme n'a rien à venger, et l'homme ne refusera pas le pardon.

Tasso.
Was härter treffe, Kränkung oder Schimpf,
Will ich nicht untersuchen: jene bringt
Ins tiefe Mark, und dieser ritzt die Haut.
Der Pfeil des Schimpfs kehrt auf den Mann zurück,
Der zu verwunden glaubt; die Meinung andrer
Befriedigt leicht das wohl geführte Schwert —
Doch ein gekränktes Herz erholt sich schwer.

Antonio.
Jetzt ist's an mir, daß ich dir bringend sage:
Tritt nicht zurück, erfülle meinen Wunsch,
Den Wunsch des Fürsten, der mich zu dir sendet.

Tasso.
Ich kenne meine Pflicht und gebe nach.
Es sei verziehn, sofern es möglich ist!
Die Dichter sagen uns von einem Speer,
Der eine Wunde, die er selbst geschlagen,
Durch freundliche Berührung heilen konnte.
Es hat des Menschen Zunge diese Kraft;
Ich will ihr nicht gehässig widerstehn.

Antonio.
Ich danke dir und wünsche, daß du mich
Und meinen Willen, dir zu dienen, gleich
Vertraulich prüfen mögest. Sage mir,
Kann ich dir nützlich sein? Ich zeig' es gern.

Tasso.
Du bietest an, was ich nur wünschen konnte.
Du brachtest mir die Freiheit wieder; nun
Verschaffe mir, ich bitte, den Gebrauch.

Antonio.
Was kannst du meinen? Sag' es deutlich an.

Tasso.
Du weißt, geendet hab' ich mein Gedicht;
Es fehlt noch viel, daß es vollendet wäre.
Heut überreicht' ich es dem Fürsten, hoffte
Zugleich ihm eine Bitte vorzutragen.
Gar viele meiner Freunde find' ich jetzt
In Rom versammelt; einzeln haben sie
Mir über manche Stellen ihre Meinung

LE TASSE. Ce qui blesse le plus de l'humiliation ou de l'insulte, je ne veux pas l'examiner; l'une pénètre jusqu'à la moelle et l'autre égratigne la peau. Le trait de l'insulte rejaillit contre celui qui croit nous blesser; l'épée, bien maniée, satisfait aisément l'opinion : mais un cœur humilié guérit avec peine.

ANTONIO. C'est à moi maintenant de te dire avec instance : ne recule pas ; remplis mon désir, le désir du prince, qui m'envoie auprès de toi.

LE TASSE. Je connais mon devoir et je cède. Que tout soit oublié, autant que la chose est possible ! Les poètes nous parlent d'une lance qui, par son attouchement salutaire, pouvait guérir les blessures qu'elle avait faites. La langue de l'homme a cette vertu : je ne veux pas lui résister avec aigreur.

ANTONIO. Je te remercie et je souhaite que sur-le-champ tu veuilles avec confiance me mettre à l'épreuve, ainsi que ma volonté de te servir. Parle, puis-je t'être utile ? Je le montrerai volontiers.

LE TASSE. Tu m'offres justement ce que je pouvais souhaiter. Tu m'as rendu la liberté : à présent, je t'en prie, procure-m'en l'usage.

ANTONIO. Que veux-tu dire ? Explique-toi clairement.

LE TASSE. Tu sais que j'ai fini mon poëme : il s'en faut beaucoup encore qu'il soit achevé. Je l'ai présenté aujourd'hui au prince ; j'espérais, en même temps, lui adresser une prière. Je trouverai maintenant beaucoup de mes amis réunis à Rome. Déjà chacun à part m'a ouvert ses avis par lettres sur plusieurs

In Briefen schon eröffnet: vieles hab' ich
Benutzen können, manches scheint mir noch
Zu überlegen; und verschiedne Stellen
Möcht' ich nicht gern verändern, wenn man mich
Nicht mehr, als es geschehn ist, überzeugt.
Das alles wird durch Briefe nicht gethan;
Die Gegenwart löst diese Knoten bald.
So dacht' ich heut den Fürsten selbst zu bitten:
Ich fand nicht Raum; nun darf ich es nicht wagen
Und hoffe diesen Urlaub nun durch dich.
Antonio.
Mir scheint nicht räthlich, daß du dich entfernst
In dem Moment, da dein vollendet Werk
Dem Fürsten und der Fürstin dich empfiehlt.
Ein Tag der Gunst ist wie ein Tag der Ernte;
Man muß geschäftig sein, sobald sie reift.
Entfernst du dich, so wirst du nichts gewinnen,
Vielleicht verlieren, was du schon gewannst.
Die Gegenwart ist eine mächt'ge Göttin;
Lern' ihren Einfluß kennen, bleibe hier!
Tasso.
Zu fürchten hab' ich nichts; Alphons ist edel,
Stets hat er gegen mich sich groß gezeigt:
Und was ich hoffe, will ich seinem Herzen
Allein verdanken, keine Gnade mir
Erschleichen; nichts will ich von ihm empfangen,
Was ihn gereuen könnte, daß er's gab.
Antonio.
So fordre nicht von ihm, daß er dich jetzt
Entlassen soll; er wird es ungern thun.
Und ich befürchte fast, er thut es nicht.
Tasso.
Er wird es gern, wenn recht gebeten wird,
Und du vermagst es wohl, sobald du willst.
Antonio.
Doch welche Gründe, sag' mir, leg' ich vor?
Tasso.
Laß mein Gedicht aus jeder Stanze sprechen!
Was ich gewollt, ist löblich, wenn das Ziel

passages : j'en ai pu souvent profiter ; bien des choses me semblent devoir être encore méditées ; il est divers endroits que je n'aimerais pas à changer, si l'on ne peut me convaincre mieux qu'on ne l'a fait. Tout cela ne se peut faire par lettres ; une entrevue lèvera bientôt ces difficultés. Je songeais donc à demander moi-même aujourd'hui cette grâce au prince ; je n'en ai pas trouvé l'occasion : maintenant je n'ose pas le risquer, et je n'espère plus cette permission que par toi.

ANTONIO. Il ne me semble pas sage que tu t'éloignes au moment où ton poème achevé te recommande au prince et à la princesse. Un jour de faveur est comme un jour de moisson : il faut être à l'œuvre aussitôt qu'elle est mûre. Si tu t'éloignes, tu ne gagneras rien, et tu perdras peut-être tes premiers avantages. La présence est une puissante déesse : apprends à connaître son influence ; reste ici !

LE TASSE. Je n'ai rien à craindre : Alphonse est généreux ; il s'est montré toujours grand à mon égard, et, ce que j'espère, je veux le devoir uniquement à son cœur, et ne surprendre aucune grâce. Je ne veux rien recevoir de lui qu'il pût regretter d'avoir donné.

ANTONIO. Alors ne lui demande pas de te laisser partir maintenant : il le fera à regret, et je crains même qu'il ne le fasse pas.

LE TASSE. Il le fera volontiers, s'il en est prié comme il faut, et tu le pourras sans doute, aussitôt que tu voudras.

ANTONIO. Mais quel motif, dis-moi, présenterai-je ?

LE TASSE. Laisse parler mon poème par chacune de ses stances. Ce que j'ai voulu faire est louable, quand même le but resterait

Auch meinen Kräften unerreichbar blieb.
An Fleiß und Mühe hat es nicht gefehlt.
Der heitre Wandel mancher schönen Tage,
Der stille Raum so mancher tiefen Nächte
War einzig diesem frommen Lied geweiht.
Bescheiden hofft' ich, jenen großen Meistern
Der Vorwelt mich zu nahen, kühn gesinnt,
Zu edlen Thaten unsere Zeitgenossen
Aus einem langen Schlaf zu rufen, dann
Vielleicht mit einem edlen Christen=Heere
Gefahr und Ruhm des heil'gen Kriegs zu theilen.
Und soll mein Lied die besten Männer wecken,
So muß es auch der besten würdig sein.
Alphonsen bin ich schuldig, was ich that;
Nun möcht' ich ihm auch die Vollendung danken.
Antonio.
Und eben dieser Fürst ist hier mit andern,
Die dich so gut als Römer leiten können.
Vollende hier dein Werk, hier ist der Platz,
Und um zu wirken, eile dann nach Rom.
Tasso.
Alphons hat mich zuerst begeistert, wird
Gewiß der letzte sein, der mich belehrt.
Und deinen Rath, den Rath der klugen Männer,
Die unser Hof versammelt, schätz' ich hoch.
Ihr sollt entscheiden, wenn mich ja zu Rom
Die Freunde nicht vollkommen überzeugen.
Doch diese muß ich sehn. Gonzaga hat
Mir ein Gericht versammelt, dem ich erst
Mich stellen muß. Ich kann es kaum erwarten.
Flaminio de' Nobili, Angelio
Da Barga, Antoniano und Speron Speroni!
Du wirst sie kennen. — Welche Namen sind's!
Vertraun und Sorge flößen sie zugleich
In meinen Geist, der gern sich unterwirft.
Antonio.
Du denkst nur dich und denkst den Fürsten nicht.
Ich sage dir, er wird dich nicht entlassen;
Und wenn er's thut, entläßt er dich nicht gern.

inaccessible à mes efforts. L'ardeur et le travail n'ont pas manqué : la course brillante de maints beaux jours, la paisible durée de maintes nuits profondes, furent consacrées uniquement à ce pieux ouvrage. J'espérais, sans orgueil, m'approcher des grands maîtres de l'antiquité ; j'espérais, dans mon audace, réveiller, pour d'illustres exploits, nos contemporains d'un long sommeil, et peut-être partager, avec une noble armée de chrétiens, le péril et la gloire de la guerre sainte. Et, si mon poème doit enflammer l'élite des guerriers, il faut aussi qu'il soit digne d'elle. Je suis redevable à Alphonse de ce que j'ai fait : je voudrais lui devoir aussi l'achèvement.

ANTONIO. Et ce même prince est ici avec d'autres hommes, qui pourront te guider aussi bien que les Romains. Achève ici ton ouvrage. C'est ici le lieu. Et, pour agir, cours ensuite à Rome.

LE TASSE. C'est Alphonse qui m'inspira le premier : il sera certainement mon dernier guide. Et tes conseils, les conseils des hommes sages que rassemble notre cour, je les estime hautement. Vous déciderez, quand mes amis de Rome ne m'auront pas entièrement convaincu. Cependant il faut que je les voie. Gonzague a réuni pour moi un tribunal devant lequel je dois d'abord me présenter. A peine puis-je attendre. Flaminio de Nobili, Angelio de Barga, Antoniano et Sperone Speroni !... Tu dois les connaître !... Quels noms que ceux-là ! ils inspirent à la fois la confiance et la crainte à mon esprit, qui se soumet volontiers.

ANTONIO. Tu ne songes qu'à toi et tu ne songes pas au prince. Je te l'ai dit, il ne te laissera point aller ; et, s'il le fait, il ne

Du willst ja nicht verlangen, was er dir
Nicht gern gewähren mag. Und soll ich hier
Vermitteln, was ich selbst nicht loben kann?
Tasso.
Versagst du mir den ersten Dienst, wenn ich
Die angebotne Freundschaft prüfen will?
Antonio.
Die wahre Freundschaft zeigt sich im Versagen
Zur rechten Zeit, und es gewährt die Liebe
Gar oft ein schädlich Gut, wenn sie den Willen
Des Fordernden mehr als sein Glück bedenkt.
Du scheinest mir in diesem Augenblick
Für gut zu halten, was du eifrig wünschest,
Und willst im Augenblick, was du begehrst.
Durch Heftigkeit ersetzt der Irrende,
Was ihm an Wahrheit und an Kräften fehlt.
Es fordert meine Pflicht, so viel ich kann,
Die Hast zu mäß'gen, die dich übel treibt.
Tasso.
Schon lange kenn' ich diese Tyrannei
Der Freundschaft, die von allen Tyranneien
Die unerträglichste mir scheint. Du denkst
Nur anders, und du glaubst deswegen
Schon recht zu denken. Gern erkenn' ich an,
Du willst mein Wohl; allein verlange nicht,
Daß ich auf deinem Weg es finden soll.
Antonio.
Und soll ich dir sogleich mit kaltem Blut,
Mit voller, klarer Ueberzeugung schaden?
Tasso.
Von dieser Sorge will ich dich befrein!
Du hältst mich nicht mit diesen Worten ab.
Du hast mich frei erklärt, und diese Thüre
Steht mir nun offen, die zum Fürsten führt.
Ich lasse dir die Wahl. Du oder ich!
Der Fürst geht fort. Hier ist kein Augenblick
Zu harren. Wähle schnell! Wenn du nicht gehst,
So geh' ich selbst, und werd' es, wie es will.

ACTE QUATRIÈME, SCÈNE QUATRIÈME.

cédera pas volontiers. Tu ne veux pas demander ce qu'il ne peut t'accorder qu'à regret. Et dois-je ici m'employer pour une chose que je ne puis moi-même approuver?

LE TASSE. Me refuses-tu le premier service, quand je veux mettre à l'épreuve l'amitié que tu m'as offerte?

ANTONIO. La véritable affection se montre en refusant à propos; et l'amitié accorde bien souvent un funeste avantage, quand elle considère le plaisir plus que le bien de celui qui la sollicite. Tu me sembles, dans ce moment, juger avantageux ce que tu désires avec passion, et tu exiges, à l'instant même, ce que tu désires. Celui qui est dans l'erreur remplace par la vivacité ce qui lui manque en vérité et en force. Mon devoir m'oblige à modérer, autant que je puis, la fougue qui t'égare.

LE TASSE. Je connais dès longtemps cette tyrannie de l'amitié, qui de toutes les tyrannies me paraît la plus insupportable. Tu penses autrement, et, par cela seul, tu crois penser juste. Je reconnais volontiers que tu désires mon bien; mais ne demande pas que je le cherche par ton chemin.

ANTONIO. Et dois-je sur-le-champ, de sang-froid, te nuire, avec une évidente et pleine persuasion?

LE TASSE. Je veux te délivrer de ce souci. Tu ne m'arrêteras point par ces discours. Tu m'as déclaré libre; elle m'est donc ouverte, cette porte qui conduit chez le prince. Je te laisse le choix. Toi ou moi! Le prince va partir; il n'y a pas un moment à perdre. Choisis promptement. Si tu ne vas pas, j'irai moi-même, quel que puisse être l'événement.

Antonio.
Laß mich nur wenig Zeit von dir erlangen,
Und warte nur des Fürsten Rückkehr ab!
Nur heute nicht!
Tasso.
Nein, diese Stunde noch,
Wenn's möglich ist! Es brennen mir die Sohlen
Auf diesem Marmorboden; eher kann
Mein Geist nicht Ruhe finden, bis der Staub
Des freien Wegs mich Eilenden umgiebt.
Ich bitte dich! Du siehst, wie ungeschickt
In diesem Augenblick ich sei, mit meinem Herrn
Zu reden; siehst — wie kann ich das verbergen —
Daß ich mir selbst in diesem Augenblick,
Mir keine Macht der Welt gebieten kann.
Nur Fesseln sind es, die mich halten können!
Alphons ist kein Tyrann, er sprach mich frei.
Wie gern gehorcht' ich seinen Worten sonst!
Heut' kann ich nicht gehorchen. Heute nur
Laß mich in Freiheit, daß mein Geist sich finde!
Ich kehre bald zu meiner Pflicht zurück.
Antonio.
Du machst mich zweifelhaft. Was soll ich thun?
Ich merke wohl, es steckt der Irrthum an.
Tasso.
Soll ich dir glauben, denkst du gut für mich,
So wirke, was ich wünsche, was du kannst.
Der Fürst entläßt mich dann, und ich verliere
Nicht seine Gnade, seine Hülfe nicht.
Das dank' ich dir und will dirs gern verdanken.
Doch hegst du einen alten Groll im Busen,
Willst du von diesem Hofe mich verbannen,
Willst du auf ewig mein Geschick verkehren,
Mich hülflos in die weite Welt vertreiben,
So bleib auf deinem Sinn und widersteh'!
Antonio.
Weil ich dir doch, o Tasso, schaden soll,
So wähl' ich denn den Weg, den du erwählst.
Der Ausgang mag entscheiden, wer sich irrt!

ANTONIO. Que du moins j'obtienne de toi quelques moments; attends jusqu'au retour du prince; laisse seulement passer aujourd'hui.

LE TASSE. Non, à cette heure même, s'il est possible ! Les pieds me brûlent sur ce pavé de marbre; mon esprit ne peut trouver de repos, avant que la poussière des routes ouvertes enveloppe mes pas précipités. Je t'en prie ! Tu vois comme je suis incapable, en ce moment, de parler à mon maître; tu vois (comment te le cacherai-je ?) que je ne puis dans ce moment me commander à moi-même; qu'aucune force humaine ne le pourrait. Des chaînes seulement peuvent me retenir. Alphonse n'est pas un tyran : il m'a déclaré libre. Avec quelle joie j'obéissais autrefois à ses ordres ! Aujourd'hui je ne puis obéir. Aujourd'hui seulement laisse-moi en liberté, afin que mon esprit se retrouve. Je reviendrai bientôt à mon devoir.

ANTONIO. Tu me fais chanceler. Que dois-je faire? Je le vois bien, l'erreur est contagieuse.

LE TASSE. Si tu veux que je te croie, si tu me veux du bien, fais ce que je désire, ce que tu peux. Alors le prince me donnera congé, et je ne perdrai pas sa faveur; je ne perdrai pas son secours. Je t'en serai redevable, et le reconnaîtrai avec joie. Mais, si tu gardes dans le cœur une vieille haine; si tu veux me bannir de cette cour; si tu veux détruire à jamais ma fortune, m'exiler sans ressource dans le vaste monde : reste dans ton sentiment et résiste-moi.

ANTONIO. O Tasse, puisqu'il faut donc que je te nuise, je choisirai le moyen que tu choisis. Le résultat décidera qui se trompe !

Du willst hinweg! Ich sag' es dir zuvor,
Du wendest diesem Hause kaum den Rücken,
So wird dein Herz zurück verlangen, wird
Dein Eigensinn dich vorwärts treiben; Schmerz,
Verwirrung, Trübsinn harrt in Rom auf dich,
Und du verfehlest hier und dort den Zweck.
Doch sag' ich dies nicht mehr, um dir zu rathen;
Ich sage nur voraus, was bald geschieht,
Und lade dich auch schon im voraus ein,
Mir in dem schlimmsten Falle zu vertraun.
Ich spreche nun den Fürsten, wie du's forderst.

Fünfter Auftritt.

Tasso (allein).

Ja, gehe nur, und gehe sicher weg,
Daß du mich überredest, was du willst.
Ich lerne mich verstellen, denn du bist
Ein großer Meister, und ich fasse leicht.
So zwingt das Leben uns, zu scheinen, ja,
Zu sein wie jene, die wir kühn und stolz
Verachten konnten. Deutlich seh' ich nun
Die ganze Kunst des höfischen Gewebes!
Mich will Antonio von hinnen treiben
Und will nicht scheinen, daß er mich vertreibt.
Er spielt den Schonenden, den Klugen, daß
Man nur recht krank und ungeschickt mich finde,
Bestellet sich zum Vormund, daß er mich
Zum Kind erniedrige, den er zum Knecht
Nicht zwingen konnte. So umnebelt er
Die Stirn des Fürsten und der Fürstin Blick.
Man soll mich halten, meint er; habe doch
Ein schön Verdienst mir die Natur geschenkt;
Doch leider habe sie mit manchen Schwächen
Die hohe Gabe wieder schlimm begleitet,
Mit ungebundnem Stolz, mit übertriebner
Empfindlichkeit und eignem düstern Sinn.

Tu veux partir! Je te l'annonce, tu auras à peine tourné le dos à cette maison, que ton cœur t'y rappellera, et que l'obstination te poussera en avant. La douleur, le trouble, la tristesse t'attendent à Rome, et tu manqueras ton but ici et là-bas. Mais je ne dis plus cela pour te conseiller; je te prédis seulement ce qui arrivera bientôt, et je t'invite aussi d'avance à te confier en moi, quelque malheur qui t'arrive. Je vais maintenant parler au prince, comme tu l'exiges.

SCÈNE V.

LE TASSE (seul). Oui, va, va, persuadé que tu me fais croire ce que tu veux. J'apprends à me déguiser; car tu es un grand maître, et je saisis promptement. Ainsi la vie nous force de paraître et même d'être semblables à ceux que nous pouvions hardiment et fièrement mépriser. Je vois désormais clairement tout l'artifice de cette trame de cour. Antonio veut me chasser d'ici, et ne veut pas qu'il paraisse que c'est lui qui me chasse. Il joue l'homme indulgent, l'homme sage, afin qu'on me trouve bien malade et bien déraisonnable. Il se pose en tuteur, pour me réduire à n'être qu'un enfant, moi qu'il n'a pu forcer d'être esclave. Il couvre ainsi de nuages le front du prince et les yeux de la princesse. Il faut me retenir, dit-il; après tout, la nature m'a départi un beau talent; mais elle a, par malheur, accompagné ce don excellent de maintes faiblesses, d'un orgueil effréné, d'une sensibilité outrée et d'une sombre obstination. C'est comme cela;

Es sei nicht anders, einmal habe nun
Den Einen Mann das Schicksal so gebildet;
Nun müsse man ihn nehmen, wie er sei,
Ihn dulden, tragen und vielleicht an ihm,
Was Freude bringen kann, am guten Tage
Als unerwarteten Gewinnst genießen,
Im übrigen, wie er geboren sei,
So müsse man ihn leben, sterben lassen.
Erkenn' ich noch Alphonsens festen Sinn?
Der Feinden trotzt und Freunde treulich schützt,
Erkenn' ich ihn, wie er mir nun begegnet?
Ja wohl erkenn' ich ganz mein Unglück nun!
Das ist mein Schicksal, daß nur gegen mich
Sich jeglicher verändert, der für andre fest
Und treu und sicher bleibt, sich leicht verändert
Durch einen Hauch, in einem Augenblick.
Hat nicht die Ankunft dieses Manns allein
Mein ganz Geschick zerstört, in Einer Stunde?
Nicht dieser das Gebäude meines Glücks
Von seinem tiefsten Grund aus umgestürzt?
O muß ich das erfahren? Muß ich's heut!
Ja, wie sich alles zu mir drängte, läßt
Mich alles nun; wie jeder mich an sich
Zu reißen strebte, jeder mich zu fassen,
So stößt mich alles weg und meidet mich.
Und das warum? Und wiegt denn er allein
Die Schale meines Werths und aller Liebe,
Die ich so reichlich sonst besessen, auf?
Ja, alles flieht mich nun. Auch du! Auch du!
Geliebte Fürstin, du entziehst dich mir.
In diesen trüben Stunden hat sie mir
Kein einzig Zeichen ihrer Gunst gesandt.
Hab' ich's um sie verdient? — Du armes Herz,
Dem so natürlich war, sie zu verehren! —
Vernahm ich ihre Stimme, wie durchdrang
Ein unaussprechliches Gefühl die Brust!
Erblickt' ich sie, da ward das helle Licht
Des Tags mir trüb; unwiderstehlich zog
Ihr Auge mich, ihr Mund mich an, mein Knie

ACTE QUATRIÈME, SCÈNE CINQUIÈME.

la destinée a formé de la sorte cet homme unique : il faut maintenant le prendre comme il est, le souffrir, le supporter, et peut-être, dans ses bons jours, recevoir, comme un gain inattendu, ce qu'il peut procurer de plaisir ; du reste, tel qu'il est né, il faut le laisser vivre et mourir... Puis-je reconnaître encore la ferme volonté d'Alphonse, qui brave ses ennemis et protège fidèlement ses amis? le reconnaître dans la manière dont il me traite aujourd'hui? Oui, je vois bien maintenant tout mon malheur. C'est dans ma destinée, que celui qui demeure fidèle et sûr pour les autres, se change pour moi seul, se change aisément, au moindre souffle, en un instant... La seule arrivée de cet homme n'a-t-elle pas, en une heure, détruit toute ma fortune? N'a-t-il pas renversé, jusqu'à ses derniers fondements, l'édifice de mon bonheur? Ah! me faut-il éprouver tout cela; l'éprouver aujourd'hui! Oui, comme tout se pressait de venir à moi, maintenant tout m'abandonne ; comme chacun s'efforçait de m'entraîner à soi, de s'emparer de moi, chacun me repousse et m'évite. Et pourquoi cela? Le seul Antonio l'emporte-t-il donc dans la balance sur mon mérite et sur tout l'amour que j'ai possédé dans une si large mesure ?... Oui, tout me fuit maintenant. Toi aussi !... Toi aussi, chère princesse, tu te dérobes à moi ! Dans ces tristes heures, elle ne m'a pas envoyé le moindre signe de sa faveur. L'ai-je mérité de sa part ?... Pauvre cœur, pour qui c'était une chose si naturelle de l'honorer !... Lorsque j'entendais sa voix, quel ineffable sentiment pénétrait mon sein ! Quand je la voyais, la claire lumière du jour me semblait obscure ; son œil, sa bou-

Erhielt sich kaum und aller Kraft
Des Geists bedurft' ich, aufrecht mich zu halten,
Vor ihre Füße nicht zu fallen; kaum
Vermocht' ich diesen Taumel zu zerstreun.
Hier halte fest, mein Herz! Du klarer Sinn,
Laß hier dich nicht umnebeln! Ja, auch Sie!
Darf ich es sagen? und ich glaub' es kaum;
Ich glaub' es wohl, und möcht' es mir verschweigen.
Auch Sie! auch Sie! Entschuldige sie ganz,
Allein verbirg dir's nicht: auch Sie! auch Sie!
O dieses Wort, an dem ich zweifeln sollte,
So lang' ein Hauch von Glauben in mir lebt,
Ja, dieses Wort, es gräbt sich wie ein Schluß
Des Schicksals noch zuletzt am ehrnen Rande
Der vollgeschriebenen Qualentafel ein.
Nun sind erst meine Feinde stark, nun bin ich
Auf ewig einer jeden Kraft beraubt.
Wie soll ich streiten, wenn Sie gegenüber
Im Heere steht? Wie soll ich duldend harren,
Wenn Sie die Hand mir nicht von ferne reicht?
Wenn nicht ihr Blick dem Flehenden begegnet?
Du hast's gewagt zu denken, hast's gesprochen,
Und es ist wahr, eh' du es fürchten konntest!
Und eh' nun die Verzweiflung deine Sinnen
Mit ehrnen Klauen aus einander reißt,
Ja, klage nur das bittre Schicksal an,
Und wiederhole nur: auch Sie! auch Sie!

che, m'attiraient irrésistiblement ; mes genoux me soutenaient à peine, et il me fallait toute la force de ma volonté pour demeurer debout et ne pas tomber à ses pieds. A peine pouvais-je dissiper cette ivresse. Sois ferme, mon cœur. Lumineuse raison, ne te laisse pas obscurcir. Oui, elle aussi !... Osé-je le dire ? Je le crois à peine... Ah ! je le crois, et je voudrais me le dissimuler. Elle aussi !... elle aussi ! Pardonne-lui entièrement, mais ne te flatte pas ! Elle aussi !... elle aussi !... Ah ! ce mot, dont je devrais douter, tant que vivra dans mon cœur un souffle de foi, il se grave, comme un suprême arrêt du sort, sur le bord de la table d'airain que remplissent les souvenirs de mes douleurs. C'est seulement de cette heure, que mes ennemis sont puissants; de cette heure, que toute force m'est pour jamais ravie. Comment puis-je combattre, lorsqu'elle est dans l'armée ennemie ? Comment puis-je attendre avec patience, lorsqu'elle ne me tend pas la main de loin, que son regard ne vient pas au-devant du suppliant ? Tu as osé le penser, tu l'as dit, et, il faut l'avouer, avant que tu pusses le craindre ! Et maintenant, avant que le désespoir déchire ton cœur avec ses griffes d'airain, oui, n'accuse que le sort cruel, et répète seulement : « Elle aussi ! elle auss ! »

Fünfter Aufzug.
Erster Auftritt.
Garten.

Alphons. Antonio.

Antonio.
Auf deinen Wink ging ich das zweitemal
Zu Tasso hin, ich komme von ihm her.
Ich hab' ihm zugeredet, ja gedrungen;
Allein er geht von seinem Sinn nicht ab
Und bittet sehnlich, daß du ihn nach Rom
Auf eine kurze Zeit entlassen mögest.
Alphons.
Ich bin verdrießlich, daß ich dir's gestehe,
Und lieber sag' ich dir, daß ich es bin,
Als daß ich den Verdruß verberg' und mehre.
Er will verreisen; gut, ich halt' ihn nicht;
Er will hinweg, er will nach Rom; es sei!
Nur daß mir Scipio Gonzaga nicht,
Der kluge Medicis, ihn nicht entwende!
Das hat Italien so groß gemacht,
Daß jeder Nachbar mit dem andern streitet,
Die Bessern zu besitzen, zu benutzen.
Ein Feldherr ohne Heer scheint mir ein Fürst,
Der die Talente nicht um sich versammelt.
Und wer der Dichtkunst Stimme nicht vernimmt,
Ist ein Barbar, er sei auch, wer er sei.
Gefunden hab' ich diesen und gewählt,
Ich bin auf ihn als meinen Diener stolz;
Und da ich schon für ihn so viel gethan
So möcht' ich ihn nicht ohne Noth verlieren.
Antonio.
Ich bin verlegen, denn ich trage doch
Vor dir die Schuld von dem, was heut geschah;
Auch will ich meinen Fehler gern gestehn,
Er bleibet deiner Gnade zu verzeihn:

ACTE V.

SCÈNE I.

Un jardin.

ALPHONSE, ANTONIO.

ANTONIO. Sur ton ordre, je suis retourné auprès du Tasse, et je viens de le quitter. Je l'ai exhorté, et même sollicité, mais il ne change pas de pensée, et te prie instamment de permettre qu'il aille passer quelque temps à Rome.

ALPHONSE. Je suis fâché, à te parler sans détour, et j'aime mieux te le dire que de cacher et d'augmenter ainsi mon chagrin. Il veut partir; il veut se rendre à Rome : soit ! Pourvu que Scipion Gonzague, que le sage Médicis, ne me l'enlèvent pas ! Ce qui a rendu l'Italie si grande, c'est que chaque prince lutte avec son voisin pour posséder, pour mettre en œuvre les meilleurs esprits. Il me semble un général sans armée, le prince qui ne rassemble pas autour de lui les talents; et celui qui est sourd à la voix de la poésie est un barbare, quel qu'il soit. J'ai trouvé ce poète et je l'ai choisi; je suis fier de lui, comme de mon serviteur; et, après avoir tant fait pour lui, je ne voudrais pas le perdre sans nécessité.

ANTONIO. Je suis embarrassé; car, à tes yeux, je suis responsable de ce qui s'est passé aujourd'hui. Aussi veux-je de bon cœur avouer ma faute; elle attend que ta grâce l'excuse. Mais,

Doch wenn du glauben könntest, daß ich nicht
Das Mögliche gethan, ihn zu versöhnen,
So würd' ich ganz untröstlich sein. O! sprich
Mit holdem Blick mich an, damit ich wieder
Mich fassen kann, mir selbst vertrauen mag.
Alphons.
Antonio, nein, da sei nur immer ruhig,
Ich schreib' es dir auf keine Weise zu;
Ich kenne nur zu gut den Sinn des Mannes
Und weiß nur allzu wohl, was ich gethan,
Wie sehr ich ihn geschont, wie sehr ich ganz
Vergessen, daß ich eigentlich an ihn
Zu fordern hätte. Ueber vieles kann
Der Mensch zum Herrn sich machen, seinen Sinn
Bezwinget kaum die Noth und lange Zeit.
Antonio.
Wenn andre vieles um den Einen thun,
So ist's auch billig, daß der Eine wieder
Sich fleißig frage, was den andern nützt.
Wer seinen Geist so viel gebildet hat,
Wer jede Wissenschaft zusammengeizt
Und jede Kenntniß, die uns zu ergreifen
Erlaubt ist, sollte der sich zu beherrschen
Nicht doppelt schuldig sein? Und denkt er dran?
Alphons.
Wir sollen eben nicht in Ruhe bleiben!
Zur Uebung unsrer Tapferkeit ein Feind,
Gleich wird uns, wenn wir zu genießen denken,
Zur Uebung der Geduld ein Freund gegeben.
Antonio.
Die erste Pflicht des Menschen, Speis' und Trank
Zu wählen, da ihn die Natur so eng
Nicht wie das Thier beschränkt, erfüllt er die?
Und läßt er nicht vielmehr sich wie ein Kind
Von allem reizen, was dem Gaumen schmeichelt?
Wann mischt er Wasser unter seinen Wein?
Gewürze, süße Sachen, stark Getränke,
Eins um das andre schlingt er hastig ein,
Und dann beklagt er seinen trüben Sinn,

ACTE CINQUIÈME, SCÈNE PREMIÈRE.

si tu pouvais croire que je n'ai pas fait mon possible pour me réconcilier avec lui, je serais tout à fait inconsolable. Oh! jette-moi un regard favorable, afin que je puisse me remettre, que je reprenne confiance en moi.

ALPHONSE. Non, Antonio, sois tranquille, je ne t'attribue ceci en aucune façon. Je connais trop bien le caractère de l'homme, et ne sais que trop ce que j'ai fait, combien je l'ai épargné, comme j'ai complètement oublié que j'ai sur lui de véritables droits. L'homme peut se rendre maître de bien des choses : la nécessité et la longueur du temps triomphent à peine de son caractère.

ANTONIO. Quand les autres hommes font beaucoup pour un seul, il est juste aussi qu'à son tour il se demande avec attention ce qui est utile aux autres. Celui qui a tant cultivé son esprit, celui qui amasse avidement tous les trésors du savoir et des connaissances qu'il nous est permis d'embrasser, ne serait-il pas doublement tenu de se dominer?... Et y songe-t-il?

ALPHONSE. Nous ne devons jamais goûter le repos!... Lorsque nous croyons en jouir, un ennemi nous est donné soudain pour exercer notre courage, un ami, pour exercer notre patience.

ANTONIO. Le premier devoir des hommes, de choisir leur boisson et leur nourriture, puisque la nature ne les borne pas aussi étroitement que les animaux, ce devoir, le remplit-il? Et ne se laisse-t-il pas plutôt séduire, comme un enfant, par tout ce qui flatte son palais? Quand mêle-t-il de l'eau avec son vin? Mets épicés, friandises, boissons fortes satisfont tour à tour son avidité; et puis il se plaint de sa mélancolie, de son sang échauffé,

Sein feurig Blut, sein allzu heftig Wesen
Und schilt auf die Natur und das Geschick.
Wie bitter und wie thöricht hab' ich ihn
Nicht oft mit seinem Arzte rechten sehn;
Zum Lachen fast, wär' irgend lächerlich,
Was einen Menschen quält und andre plagt.
„Ich fühle dieses Uebel," sagt er bänglich
Und voll Verdruß. „Was rühmt ihr eure Kunst?
Schafft mir Genesung!" Gut versetzt der Arzt,
So meidet das und das. — „Das kann ich nicht." —
So nehmet diesen Trank. — „O nein! der schmeckt
Abscheulich, er empört mir die Natur." —
So trinkt denn Wasser. — „Wasser? nimmermehr!
Ich bin so wasserscheu als ein Gebißner." —
So ist euch nicht zu helfen. — „Und warum?" —
Das Uebel wird sich stets mit Uebeln häufen
Und, wenn es euch nicht tödten kann, nur mehr
Und mehr mit jedem Tag euch quälen. — „Schön!
Wofür seid ihr ein Arzt? Ihr kennt mein Uebel,
Ihr solltet auch die Mittel kennen, sie
Auch schmackhaft machen, daß ich nicht noch erst,
Der Leiden los zu sein, recht leiden müsse."
Du lächelst selbst, und doch ist es gewiß,
Du hast es wohl aus seinem Mund gehört?

Alphons.

Ich hab' es oft gehört und oft entschuldigt.

Antonio.

Es ist gewiß, ein ungemäßigt Leben,
Wie es uns schwere, wilde Träume giebt,
Macht uns zuletzt am hellen Tage träumen.
Was ist sein Argwohn anders als ein Traum?
Wohin er tritt, glaubt er von Feinden sich
Umgeben. Sein Talent kann niemand sehn,
Der ihn nicht neidet, niemand ihn beneiden,
Der ihn nicht haßt und bitter ihn verfolgt.
So hat er oft mit Klagen dich belästigt:
Erbrochne Schlösser, aufgefangne Briefe
Und Gift und Dolch! Was alles vor ihm schwebt!
Du hast es untersuchen lassen, untersucht,

de son humeur impétueuse, et invective contre la nature et le sort. Avec quelle amertume et quelle folie ne l'ai-je pas vu souvent disputer avec son médecin! C'était presque risible, si l'on pouvait rire de ce qui tourmente un homme et fatigue les autres. « Je suis malade, dit-il, inquiet et tout chagrin. Pourquoi vantez-vous votre art? Guérissez-moi! — Bien! reprend le médecin; évitez donc ceci et cela. — Je ne puis. — Prenez donc ce breuvage. — Oh! non, le goût en est détestable: il me répugne. — Eh bien, buvez de l'eau. — De l'eau? Jamais! Je crains l'eau comme un hydrophobe. — On ne peut donc vous secourir. — Et pourquoi? — Un mal s'ajoutera sans cesse aux autres maux, et, s'il ne peut vous tuer, du moins il vous tourmentera chaque jour davantage. — Fort bien! Pourquoi êtes-vous médecin? Vous connaissez mon mal, vous devriez aussi connaître les remèdes, les rendre aussi savoureux, afin que je n'eusse pas d'abord à souffrir pour être délivré de la souffrance. » Tu souris toi-même, et pourtant cela est vrai; tu l'as peut-être entendu de sa bouche.

ALPHONSE. Je l'ai entendu souvent et souvent excusé.

ANTONIO. Il est certain que, tout comme une vie intempérante nous donne d'affreux et pénibles songes, elle nous fait à la fin rêver en plein jour. Sa défiance, qu'est-elle autre chose qu'un rêve? Où qu'il paraisse, il se croit environné d'ennemis. Personne ne peut voir son talent qui ne l'envie; personne ne peut l'envier qui ne le haïsse et ne le persécute cruellement. C'est ainsi qu'il t'a fatigué souvent de ses plaintes: serrures brisées, lettres surprises, et le poison et le poignard! Tout ce qu'il peut rêver! Tu as ordonné des recherches, tu les as faites, et qu'as-tu trouvé?

Und hast du was gefunden? Kaum den Schein.
Der Schutz von keinem Fürsten macht ihn sicher,
Der Busen keines Freundes kann ihn laben.
Und willst du einem solchen Ruh' und Glück,
Willst du von ihm wohl Freude dir versprechen?
            Alphons.
Du hättest Recht, Antonio, wenn in ihm
Ich meinen nächsten Vortheil suchen wollte!
Zwar ist es schon mein Vortheil, daß ich nicht
Den Nutzen g'rad und unbedingt erwarte.
Nicht alles dienet uns auf gleiche Weise;
Wer vieles brauchen will, gebrauche jedes
In seiner Art, so ist er wohl bedient.
Das haben uns die Medicis gelehrt,
Das haben uns die Päpste selbst gewiesen.
Mit welcher Nachsicht, welcher fürstlichen
Geduld und Langmuth trugen diese Männer
Manch groß Talent, das ihrer reichen Gnade
Nicht zu bedürfen schien und doch bedurfte!
            Antonio.
Wer weiß es nicht, mein Fürst? Des Lebens Mühe
Lehrt uns allein des Lebens Güter schätzen.
So jung hat er zu vieles schon erreicht,
Als daß genügsam er genießen könnte.
O sollt' er erst erwerben, was ihm nun
Mit offnen Händen angeboten wird:
Er strengte seine Kräfte männlich an
Und fühlte sich von Schritt zu Schritt begnügt.
Ein armer Edelmann hat schon das Ziel
Von seinem besten Wunsch erreicht, wenn ihn
Ein edler Fürst zu seinem Hofgenossen
Erwählen will und ihn der Dürftigkeit
Mit milder Hand entzieht. Schenkt er ihm noch
Vertraun und Gunst und will an seine Seite
Vor andern ihn erheben, sei's im Krieg,
Sei's in Geschäften oder im Gespräch,
So, dächt' ich, könnte der bescheidne Mann
Sein Glück mit stiller Dankbarkeit verehren.
Und Tasso hat zu allem diesem noch

A peine des apparences. La protection d'aucun prince ne le rassure ; le sein d'aucun ami ne le console. Et veux-tu promettre à un tel homme le repos et le bonheur ? Veux-tu t'en promettre à toi-même quelque plaisir ?

ALPHONSE. Tu dirais vrai, Antonio, si je voulais chercher en lui mon avantage prochain. C'est, il est vrai, déjà mon avantage, en ce que je n'attends pas l'utilité directe et absolue. Tout ne nous sert pas de même sorte. Qui veut employer de nombreux ressorts doit user de chacun selon sa nature : c'est ainsi qu'il est bien servi. Voilà ce que les Médicis nous ont enseigné ; voilà ce que nous ont appris les papes eux-mêmes. Avec quelle indulgence, quelle longanimité, quelle douceur de prince, ces hommes ont-ils supporté plus d'un grand talent, qui semblait n'avoir pas besoin de leur faveur libérale et en avait pourtant besoin !

ANTONIO. Qui ne sait, mon prince, que les peines de la vie nous apprennent seules à en estimer les biens ? Si jeune, il a déjà trop obtenu pour être capable de jouir modérément. Ah ! s'il devait gagner ce qui lui est maintenant offert à pleines mains, il emploierait courageusement ses forces, et pas à pas il se sentirait satisfait. Un pauvre gentilhomme touche au but de son plus beau souhait, dès qu'un noble prince veut bien le choisir pour son courtisan, et, d'une main bienfaisante, le tire de la pauvreté... Lui accorde-t-il encore sa confiance et sa faveur, et daigne-t-il l'élever à son côté au-dessus des autres, soit dans les armes, soit dans les affaires ou dans sa familiarité : il me semble que l'homme modeste pourrait jouir humblement de son bonheur avec une tranquille reconnaissance. Et, avec tout cela, le Tasse

Das schönste Glück des Jünglings: daß ihn schon
Sein Vaterland erkennt und auf ihn hofft.
O glaube mir, sein launisch Mißbehagen
Ruht auf dem breiten Polster seines Glücks.
Er kommt, entlaß ihn gnädig, gieb ihm Zeit,
In Rom und in Neapel, wo er will,
Das aufzusuchen, was er hier vermißt,
Und was er hier nur wiederfinden kann.

Alphons.
Will er zurück erst nach Ferrara gehn?

Antonio.
Er wünscht in Belriguardo zu verweilen.
Das Nöthigste, was er zur Reise braucht,
Will er durch einen Freund sich senden lassen.

Alphons.
Ich bin's zufrieden. Meine Schwester geht
Mit ihrer Freundin gleich zurück, und reitend
Werd' ich vor ihnen noch zu Hause sein.
Du folgst uns bald, wenn du für ihn gesorgt.
Dem Castellan befiehl das Nöthige,
Daß er hier auf dem Schlosse bleiben kann,
So lang' er will, so lang', bis seine Freunde
Ihm das Gepäck gesendet, bis wir ihm
Die Briefe schicken, die ich ihm nach Rom
Zu geben Willens bin. Er kommt! Leb' wohl!

Zweiter Auftritt.

Alphons. Tasso.

Tasso (mit Zurückhaltung).

Die Gnade, die du mir so oft bewiesen,
Erscheinet heute mir in vollem Licht.
Du hast verziehen, was in deiner Nähe
Ich unbedacht und frevelhaft beging,
Du hast den Widersacher mir versöhnt,
Du willst erlauben, daß ich eine Zeit
Von deiner Seite mich entferne, willst

possède encore ce qui est pour un jeune homme le plus bel avantage, que déjà sa patrie le connaît et qu'elle espère en lui. Oh! crois-moi, son capricieux mécontentement repose sur le large oreiller de son bonheur. Il vient, donne-lui congé avec bienveillance; donne-lui le temps de chercher à Rome ou à Naples, où il voudra, ce qui lui manque chez toi, et qu'il ne peut retrouver que chez toi.

ALPHONSE. Veut-il retourner d'abord à Ferrare?

ANTONIO. Il désire séjourner à Belriguardo; il se fera envoyer par un ami les choses les plus nécessaires pour son voyage.

ALPHONSE. J'y consens. Ma sœur va retourner à la ville avec son amie; j'y vais à cheval et serai avant elles à la maison. Tu nous suivras bientôt, quand tu te seras occupé du Tasse. Donne au châtelain les ordres nécessaires, en sorte qu'il puisse rester au château aussi longtemps qu'il voudra, en attendant ses effets, que lui enverront ses amis, et les lettres que je me propose de lui donner pour Rome. Il vient. Adieu! (Antonio s'éloigne.)

SCÈNE II.

ALPHONSE, LE TASSE.

LE TASSE (avec réserve). La faveur que tu m'as si souvent témoignée brille aujourd'hui pour moi dans tout son jour. Tu as pardonné la faute que, sans réflexion et témérairement, j'ai commise dans ta demeure; tu m'as réconcilié avec mon adversaire; tu veux bien permettre que je m'éloigne quelque temps de ta pré-

Mir deine Gunst großmüthig vorbehalten.
Ich scheide nun mit völligem Vertraun
Und hoffe still, mich soll die kleine Frist
Von allem heilen, was mich jetzt beklemmt.
Es soll mein Geist aufs neue sich erheben
Und auf dem Wege, den ich froh und kühn,
Durch deinen Blick ermuntert, erst betrat,
Sich deiner Gunst aufs neue würdig machen.
Alphons.
Ich wünsche dir zu deiner Reise Glück
Und hoffe, daß du froh und ganz geheilt
Uns wieder kommen wirst. Du bringst uns dann
Den doppelten Gewinnst für jede Stunde,
Die du uns nun entziehst, vergnügt zurück.
Ich gebe Briefe dir an meine Leute,
An Freunde dir nach Rom und wünsche sehr,
Daß du dich zu den Meinen überall
Zutraulich halten mögest, wie ich dich
Als mein, obgleich entfernt, gewiß betrachte.
Tasso.
Du überhäufst, o Fürst, mit Gnade den,
Der sich unwürdig fühlt und selbst zu danken
In diesem Augenblicke nicht vermag.
Anstatt des Danks eröffn' ich eine Bitte!
Am meisten liegt mir mein Gedicht am Herzen.
Ich habe viel gethan und keine Mühe
Und keinen Fleiß gespart; allein es bleibt
Zu viel mir noch zurück. Ich möchte dort,
Wo noch der Geist der großen Männer schwebt,
Und wirksam schwebt, dort möcht' ich in die Schule
Aufs neue mich begeben; würdiger
Erfreute deines Beifalls sich mein Lied.
O gieb die Blätter mir zurück, die ich
Jetzt nur beschämt in deinen Händen weiß.
Alphons.
Du wirst mir nicht an diesem Tage nehmen,
Was du mir kaum an diesem Tag gebracht?
Laß zwischen dich und zwischen dein Gedicht
Mich als Vermittler treten; hüte dich,

sence; tu veux généreusement me conserver ta faveur : je pars donc avec une pleine confiance, et j'ai l'espoir secret que ce court intervalle me guérira de tout ce qui m'oppresse maintenant. Mon esprit s'élèvera de nouveau, et dans la route où, encouragé par ton regard, je m'avançai d'abord plein de joie et d'audace, je me rendrai de nouveau digne de ta faveur.

ALPHONSE. Je souhaite que ton voyage soit heureux, et j'espère que tu reviendras à nous joyeux et en pleine santé. Alors, satisfait, tu nous dédommageras doublement pour chaque heure que tu nous dérobes. Je te donnerai des lettres pour mes serviteurs et pour mes amis de Rome, et je souhaite fort que tu sache témoigner partout aux miens de la confiance, de même que, malgré ton absence, je te regarde assurément comme étant à moi.

LE TASSE. O prince! tu combles de faveurs celui qui s'en juge indigne, et qui même ne sait pas en ce moment t'exprimer sa reconnaissance. Au lieu de remerciements, je t'adresse une prière. Mon poème est l'objet de ma plus vive sollicitude. J'ai fait beaucoup, et n'ai épargné aucune peine et aucun soin : mais je le juge encore trop imparfait. Je voudrais, dans les lieux où plane encore le génie des grands hommes, où il exerce encore son influence, je voudrais retourner à leur école. Mon poème en deviendrait plus digne de ton suffrage. Oh ! rends-moi les feuilles que je ne puis sans confusion savoir en tes mains.

ALPHONSE. Tu ne voudras pas me reprendre aujourd'hui ce qu'aujourd'hui même tu viens à peine de me présenter. Laisse-moi me placer, comme médiateur, entre ton poème et toi;

Durch strengen Fleiß die liebliche Natur
Zu kränken, die in deinen Reimen lebt,
Und höre nicht auf Rath von allen Seiten!
Die tausendfältigen Gedanken vieler
Verschiedner Menschen, die im Leben sich
Und in der Meinung widersprechen, faßt
Der Dichter klug in Eins und scheut sich nicht,
Gar manchem zu mißfallen, daß er manchem
Um desto mehr gefallen möge. Doch
Ich sage nicht, daß du nicht hie und da
Bescheiden deine Feile brauchen solltest;
Verspreche dir zugleich, in kurzer Zeit
Erhältst du abgeschrieben dein Gedicht.
Es bleibt von deiner Hand in meinen Händen,
Damit ich seiner erst mit meinen Schwestern
Mich recht erfreuen möge. Bringst du es
Vollkommner dann zurück: wir werden uns
Des höheren Genusses freun und dich
Bei mancher Stelle nur als Freunde warnen.

Tasso.

Ich wiederhole nur beschämt die Bitte:
Laß mich die Abschrift eilig haben, ganz
Ruht mein Gemüth auf diesem Werke nun.
Nun muß es werden, was es werden kann.

Alphons.

Ich billige den Trieb, der dich beseelt!
Doch, guter Tasso, wenn es möglich wäre,
So solltest du erst eine kurze Zeit
Der freien Welt genießen, dich zerstreuen,
Dein Blut durch eine Cur verbessern. Dir
Gewährte dann die schöne Harmonie
Der hergestellten Sinne, was du nun
Im trüben Eifer nur vergebens suchst.

Tasso.

Mein Fürst, so scheint es: doch, ich bin gesund,
Wenn ich mich meinem Fleiß ergeben kann,
Und so macht wieder mich der Fleiß gesund.
Du hast mich lang' gesehn, mir ist nicht wohl
In freier Ueppigkeit. Mir läßt die Ruh

garde-toi d'altérer, par une étude sévère, l'aimable naturel qui respire dans tes vers, et n'écoute pas les conseils de toutes parts. Ces mille pensées diverses de tant d'hommes différents, qui se contredisent dans leur vie et dans leurs opinions, le poète en forme habilement un ensemble, et ne craint pas de déplaire aux uns, afin de pouvoir plaire aux autres d'autant mieux. Je ne dis pas toutefois que tu ne doives passer çà et là ta lime avec précaution ; je te promets aussi que, dans peu de temps, tu recevras une copie de ton poème. L'exemplaire de ta main restera dans les miennes, afin que je puisse d'abord en jouir pleinement avec mes sœurs. Si tu rapportes ensuite l'ouvrage plus parfait, nous y trouverons une jouissance plus grande encore, et, comme amis seulement, nous te donnerons nos avis sur quelques passages.

LE TASSE. Je ne répète qu'avec confusion ma prière : fais que je reçoive promptement la copie. Mon âme est maintenant tout entière à cet ouvrage. C'est maintenant qu'il faut que mon poème devienne ce qu'il peut devenir.

ALPHONSE. J'approuve le zèle qui t'anime. Mais, cher Tasse, s'il était possible, tu devrais d'abord jouir quelque temps du monde en liberté, te distraire, te rafraîchir le sang par un bon régime. Alors la belle harmonie de tes sens renouvelés te donnerait ce que, dans ton ardeur inquiète, tu cherches vainement aujourd'hui.

LE TASSE. Mon prince, cela semble ainsi ; mais j'ai la santé, quand je puis me livrer à mon travail, et c'est ainsi que mon travail me rend à son tour la santé. Tu me connais depuis longtemps : je ne me sens pas bien dans une oisive mollesse. C'est

Am mindsten Ruhe. Dieß Gemüth ist nicht
Von der Natur bestimmt, ich fühl' es leider,
Auf weichem Element der Tage froh
Ins weite Meer der Zeiten hinzuschwimmen.
Alphons.
Dich führet alles, was du sinnst und treibst,
Tief in dich selbst. Es liegt um uns herum
Gar mancher Abgrund, den das Schicksal grub;
Doch hier in unserm Herzen ist der tiefste,
Und reizend ist es, sich hinab zu stürzen.
Ich bitte dich, entreiße dich dir selbst!
Der Mensch gewinnt, was der Poet verliert.
Tasso.
Ich halte diesen Drang vergebens auf,
Der Tag und Nacht in meinem Busen wechselt.
Wenn ich nicht sinnen oder dichten soll,
So ist das Leben mir kein Leben mehr.
Verbiete du dem Seidenwurm, zu spinnen,
Wenn er sich schon dem Tode näher spinnt.
Das köstliche Geweb' entwickelt er
Aus seinem Innersten und läßt nicht ab,
Bis er in seinen Sarg sich eingeschlossen.
O geb' ein guter Gott uns auch dereinst
Das Schicksal des beneidenswerthen Wurms,
Im neuen Sonnenthal die Flügel rasch
Und freudig zu entfalten!
Alphons.
              Höre mich!
Du giebst so vielen doppelten Genuß
Des Lebens; lern' ich bitte dich,
Den Werth des Lebens kennen, das du noch
Und zehnfach reich besitzest. Lebe wohl!
Je ehe du zu uns zurücke kehrst,
Je schöner wirst du uns willkommen sein. (Ab.)

le repos même qui me laisse le moins de repos. Ce cœur, je le sens, hélas! ne fut pas destiné par la nature à voguer joyeusement, sur le flot paisible des jours, vers l'immense océan des âges.

ALPHONSE. Tout ce que tu penses et ce que tu poursuis te ramène au fond de ton être. Il est autour de nous de nombreux abîmes, que le sort a creusés; mais le plus profond est dans notre cœur, et c'est un charme de s'y plonger. Je t'en prie, arrache-toi à toi-même. L'homme y gagnera ce que perdra le poète.

LE TASSE. Je réprime vainement cette ardeur, qui s'agite jour et nuit dans mon sein. Si je ne puis ni méditer ni composer, la vie n'est plus une vie pour moi. Défends au ver de filer sa soie, quand même en filant il avance sa mort. De sa propre substance, il développe la trame précieuse, et ne cesse pas avant de s'être enfermé dans son tombeau. Ah! veuille, quelque jour, un Dieu favorable nous accorder aussi le sort de l'insecte digne d'envie, de déployer, vifs et joyeux, nos ailes dans la vallée, aux rayons d'un nouveau soleil!

ALPHONSE. Écoute-moi! Tu sais doubler pour tant de mortels les jouissances de la vie: apprends, je t'en conjure, à connaître le prix de l'existence, que tu possèdes encore, riche de mille trésors. Adieu! Plutôt tu reviendras à nous, plus tu seras chez nous le bienvenu. (Il s'éloigne.)

Dritter Auftritt.

Taſſo (allein).

So halte feſt, mein Herz, ſo war es recht!
Es wird dir ſchwer, es iſt das erſtemal,
Daß du dich ſo verſtellen magſt und kannſt.
Du hörteſt wohl, das war nicht ſein Gemüth,
Das waren ſeine Worte nicht; mir ſchien,
Als klänge nur Antonio's Stimme wieder.
O gieb nur Acht! Du wirſt ſie nun ſo fort
Von allen Seiten hören. Feſt, nur feſt!
Um einen Augenblick iſt' noch zu thun.
Wer ſpät im Leben ſich verſtellen lernt,
Der hat den Schein der Ehrlichkeit voraus.
Es wird ſchon gehn, nur übe dich mit ihnen.
(Nach einer Pauſe.)
Du triumphirſt zu früh, dort kommt ſie her!
Die holde Fürſtin kommt! O welch Gefühl!
Sie tritt herein; es löſt in meinem Buſen
Verdruß und Argwohn ſich in Schmerzen auf.

Vierter Auftritt.

Prinzeſſin. Taſſo. Gegen das Ende des Auftritts die Uebrigen.

Prinzeſſin.

Du denkſt uns zu verlaſſen, oder bleibſt
Vielmehr in Belriguardo noch zurück
Und willſt dich dann von uns entfernen, Taſſo?
Ich hoffe, nur auf eine kurze Zeit.
Du gehſt nach Rom?

Taſſo.
              Ich richte meinen Weg
Zuerſt dahin, und nehmen meine Freunde
Mich gütig auf, wie ich es hoffen darf,

SCÈNE III.

LE TASSE (seul). Courage! Tiens ferme, mon cœur! C'était bien ainsi! Cela t'est difficile; c'est la première fois que tu veux et que tu peux dissimuler ainsi. Tu l'as bien entendu : ce n'était pas son cœur; ce n'était pas son langage. Il me semblait n'entendre encore que la voix d'Antonio. Oh! prends garde! Tu continueras à l'entendre ainsi de tous côtés. Courage! courage! Encore un moment de combat. Celui qui apprend tard à dissimuler conserve l'apparence de la franchise. Cela ira bien : exerce-toi seulement avec eux. (Après une pause.) Tu triomphes trop tôt. Elle vient ici! Elle vient, l'aimable princesse! Oh! quels sentiments! La voici : le dépit et la défiance se changent en douleur dans mon sein.

SCÈNE IV.

LA PRINCESSE, LE TASSE (et, vers la fin de la scène, les autres personnages).

LA PRINCESSE. O Tasse, tu songes à nous quitter, ou plutôt tu restes à Belriguardo, et puis tu t'éloigneras de nous? J'espère que c'est pour peu de temps. Tu vas à Rome?

LE TASSE. C'est là que je porterai d'abord mes pas, et, si mes amis m'accueillent avec bonté, comme j'ose l'espérer, là peut-

So leg' ich da mit Sorgfalt und Geduld
Vielleicht die letzte Hand an mein Gedicht.
Ich finde viele Männer dort versammelt,
Die Meister aller Art sich nennen dürfen.
Und spricht in jener ersten Stadt der Welt
Nicht jeder Platz, nicht jeder Stein zu uns?
Wie viele tausend stumme Lehrer winken
In ernster Majestät uns freundlich an!
Vollend' ich da nicht mein Gedicht, so kann
Ich's nie vollenden. Leider, ach, schon fühl' ich,
Mir wird zu keinem Unternehmen Glück!
Verändern werd' ich es, vollenden nie.
Ich fühl', ich fühl' es wohl, die große Kunst,
Die jeden nährt, die den gesunden Geist
Stärkt und erquickt, wird mich zu Grunde richten,
Vertreiben wird sie mich. Ich eile fort!
Nach Neapel will ich bald!

Prinzessin.

Darfst du es wagen?
Noch ist der strenge Bann nicht aufgehoben,
Der dich zugleich mit deinem Vater traf.

Tasso.

Du warnest recht, ich hab' es schon bedacht.
Verkleidet geh' ich hin, den armen Rock
Des Pilgers oder Schäfers zieh ich an.
Ich schleiche durch die Stadt, wo die Bewegung
Der Tausende den Einen leicht verbirgt.
Ich eile nach dem Ufer, finde dort
Gleich einen Kahn mit willig guten Leuten,
Mit Bauern, die zum Markte kamen, nun
Nach Hause kehren, Leute von Sorrent;
Denn ich muß nach Sorrent hinüber eilen.
Dort wohnet meine Schwester, die mit mir
Die Schmerzensfreude meiner Eltern war.
Im Schiffe bin ich still und trete dann
Auch schweigend an das Land, ich gehe sacht
Den Pfad hinauf, und an dem Thore frag' ich:
Wo wohnt Cornelia? Zeigt mir es an!
Cornelia Serfale? Freundlich deutet

être mettrai-je, avec soin et patience, la dernière main à mon poème. Je trouverai rassemblés dans cette ville beaucoup d'hommes, qui, en tout genre, se peuvent appeler maîtres. Et dans cette ville, la première du monde, chaque place, chaque pierre, ne nous parlent-elles pas ? Quelle foule d'instituteurs muets nous attirent doucement avec une sérieuse majesté ! Si je n'achève pas en ce lieu mon poème, je ne pourrais jamais l'achever. Mais, hélas ! déjà je le prévois, aucune entreprise ne me réussira. Je changerai mon ouvrage, et ne l'achèverai jamais. Oui, je le sens, l'art sublime, qui nourrit tout le monde, qui fortifie et restaure une âme saine, me détruira ; il me bannira. Je me hâte de fuir. J'irai bientôt à Naples.

LA PRINCESSE. L'oseras-tu ? L'arrêt sévère qui t'a proscrit, en même temps que ton père, n'est pas encore aboli.

LE TASSE. Ton avis est sage : j'y ai déjà pensé. J'irai déguisé ; je prendrai le pauvre vêtement du pèlerin ou du berger. Je me glisse à travers la ville, où le mouvement de la foule cache un homme aisément. Je cours au rivage, j'y trouve d'abord une barque avec de bonnes gens, des paysans, venus au marché, qui retournent chez eux, des gens de Sorrente : car je veux me hâter de passer à Sorrente. Là demeure ma sœur, qui fut avec moi la douloureuse joie de mes parents. Dans la barque, je reste tranquille, et, toujours silencieux, j'aborde au rivage ; je monte doucement le sentier, et, à la porte de la ville, je m'informe et je dis : « Où demeure Cornélie, Cornélie Sersale ? Indiquez-le-

Mir eine Spinnerin die Straße, sie
Bezeichnet mir das Haus. So steig' ich weiter.
Die Kinder laufen nebenher und schauen
Das wilde Haar, den düstern Frembling an.
So komm' ich an die Schwelle. Offen steht
Die Thüre schon, so tret' ich in das Haus —
Prinzessin.
Blick auf, o Tasso, wenn es möglich ist,
Erkenne die Gefahr, in der du schwebst!
Ich schone dich; denn sonst würd' ich dir sagen:
Ist's edel, so zu reden, wie du sprichst?
Ist's edel, nur allein an sich zu denken,
Als kränktest du der Freunde Herzen nicht?
Ist's dir verborgen, wie mein Bruder denkt?
Wie beide Schwestern dich zu schätzen wissen?
Hast du es nicht empfunden und erkannt?
Ist alles denn in wenig Augenblicken
Verändert? Tasso! Wenn du scheiden willst,
So laß uns Schmerz und Sorge nicht zurück.
(Tasso wendet sich weg.)
Wie tröstlich ist es, einem Freunde, der
Auf eine kurze Zeit verreisen will,
Ein klein Geschenk zu geben, sei es nur
Ein neuer Mantel, oder eine Waffe!
Dir kann man nichts mehr geben, denn du wirfst
Unwillig alles weg, was du besitzest.
Die Pilgermuschel und den schwarzen Kittel,
Den langen Stab erwählst du dir und gehst
Freiwillig arm dahin und nimmst uns weg,
Was du mit uns allein genießen konntest.
Tasso.
So willst du mich nicht ganz und gar verstoßen?
O süßes Wort, o schöner, theurer Trost!
Vertritt mich! Nimm in deinen Schutz mich auf! —
Laß mich in Belriguardo hier, versetze
Mich nach Consandoli, wohin du willst!
Es hat der Fürst so manches schöne Schloß,
So manchen Garten, der das ganze Jahr
Gewartet wird, und ihr betretet kaum

moi. » Une fileuse me montre la rue avec complaisance; elle me désigne la maison. Je monte encore. Les enfants courent à mes côtés, et observent le sombre étranger, sa chevelure en désordre. J'arrive ainsi vers le seuil... Déjà la porte est ouverte; j'entre dans la maison...

LA PRINCESSE. O Tasse, ouvre les yeux ! Reconnais, s'il est possible, le péril qui t'environne. Je te ménage; sans cela, je te dirais : Est-ce généreux de parler comme tu parles? Est-ce généreux de ne penser qu'à soi, comme si tu n'affligeais pas les cœurs de tes amis ? Ignores-tu ce que pense mon frère ? comme les deux sœurs savent t'estimer ? Ne l'as-tu pas éprouvé et reconnu ? Tout est-il donc changé en quelques instants ? O Tasse, si tu veux partir, ne nous laisse pas la douleur et l'inquiétude. (Le Tasse détourne la tête.) Qu'il est doux d'offrir à l'ami qui s'éloigne pour un peu de temps un modeste cadeau, ne fût-ce qu'un manteau neuf ou une arme ! A toi, on ne peut plus rien te donner, car tu rejettes avec chagrin ce que tu possèdes. Tu choisis pour ton partage les coquilles, la robe brune et le bourdon du pèlerin, et tu t'en vas, pauvre par ton choix, et tu nous emportes les biens que tu ne pouvais goûter qu'avec nous.

LE TASSE. Tu ne veux donc pas me chasser tout à fait ? O douce parole ! O belle et chère consolation ! Prends ma défense ! Prends-moi sous ta protection !... Laisse-moi ici à Belriguardo; transporte-moi à Consandoli, où tu voudras ! Le prince a tant de châteaux magnifiques, tant de jardins, qui sont gardés toute l'année, et que vous visitez à peine un seul jour, une heure

Ihn einen Tag, vielleicht nur eine Stunde.
Ja, wählet den entferntsten aus, den ihr
In ganzen Jahren nicht besuchen geht,
Und der vielleicht jetzt ohne Sorge liegt,
Dort schickt mich hin! Dort laßt mich euer sein!
Wie will ich deine Bäume pflegen! Die Citronen
Im Herbst mit Brettern und mit Ziegeln decken
Und mit verbundnem Rohre wohl verwahren!
Es sollen schöne Blumen in den Beeten
Die breiten Wurzeln schlagen; rein und zierlich
Soll jeder Gang und jedes Fleckchen sein.
Und laßt mir auch die Sorge des Palastes!
Ich will zur rechten Zeit die Fenster öffnen,
Daß Feuchtigkeit nicht den Gemälden schade;
Die schön mit Stuckatur verzierten Wände
Will ich mit einem leichten Wedel säubern,
Es soll das Estrich blank und reinlich glänzen,
Es soll kein Stein, kein Ziegel sich verrücken,
Es soll kein Gras aus einer Ritze keimen!

Prinzessin.

Ich finde keinen Rath in meinem Busen,
Und finde keinen Trost für dich und — uns.
Mein Auge blickt umher, ob nicht ein Gott
Uns Hülfe reichen möchte? Möchte mir
Ein heilsam Kraut entdecken, einen Trank,
Der deinem Sinne Frieden brächte, Frieden uns.
Das treuste Wort, das von der Lippe fließt,
Das schönste Heilungsmittel wirkt nicht mehr.
Ich muß dich lassen, und verlassen kann
Mein Herz dich nicht.

Tasso.

Ihr Götter, ist sie's doch,
Die mit dir spricht und deiner Liebe sich erbarmt?
Und konntest du das edle Herz verkennen?
War's möglich, daß in ihrer Gegenwart
Der Kleinmuth dich ergriff und dich bezwang?
Nein, nein, du bist's! und nun, ich bin es auch.
O fahre fort und laß mich jeden Trost
Aus deinem Munde hören! Deinen Rath

peut-être. Oui, choisissez le plus éloigné, que vous ne visitez pas de toute l'année, et qui maintenant reste peut-être sans soins. Envoyez-moi dans cette retraite. Là, que je sois à vous! Comme je soignerai tes arbres! Comme, en automne, je couvrirai de planches et de tuiles les citronniers, et les préserverai bien avec des nattes de roseaux! Les belles fleurs pousseront de larges racines dans le parterre; chaque allée, chaque retraite, sera propre et bien tenue. Et laissez-moi aussi le soin du palais. J'ouvrirai à propos les fenêtres, afin que l'humidité ne gâte point les tableaux; les murs, élégamment décorés d'ouvrages en stuc, j'aurai soin d'en chasser la poussière. Les pavés brilleront de blancheur et de propreté; pas une pierre, pas une tuile, qui se déplacent; pas une ouverture où l'on voie germer un brin d'herbe.

LA PRINCESSE. Je ne trouve nul conseil dans mon cœur, et je n'y trouve aucune consolation pour toi... et pour nous. Mon œil cherche de tous côtés, si quelque dieu ne viendra pas à notre secours; s'il ne me découvrira point une plante salutaire, un breuvage, qui rende la paix à tes sens, qui nous rende la paix! La plus sincère parole qui s'échappe de nos lèvres, le plus doux moyen de salut n'a plus de pouvoir. Il faut que je te laisse, et mon cœur ne peut te laisser.

LE TASSE. O dieux, est-ce bien elle qui te parle, et qui prend pitié de toi? Et pouvais-tu méconnaître ce noble cœur? Était-il possible qu'en sa présence le découragement te saisît et se rendît maître de toi? Non, non, c'est toi, et maintenant c'est aussi moi. Oh! poursuis, et laisse-moi recueillir de ta bouche toutes

Entzieh mir nicht! O sprich: was soll ich thun?
Damit dein Bruder mir vergeben könne,
Damit du selbst mir gern vergeben mögest,
Damit ihr wieder zu den Euren mich
Mit Freuden zählen möget. Sag' mir an.

Prinzessin.

Gar wenig ist's, was wir von dir verlangen;
Und dennoch scheint es allzuviel zu sein.
Du sollst dich selbst uns freundlich überlassen.
Wir wollen nichts von dir, was du nicht bist,
Wenn du nur erst dir mit dir selbst gefällst.
Du machst uns Freude, wenn du Freude hast,
Und du betrübst uns nur, wenn du sie fliehst;
Und wenn du uns auch ungeduldig machst,
So ist es nur, daß wir dir helfen möchten
Und, leider! sehn, daß nicht zu helfen ist,
Wenn du nicht selbst des Freundes Hand ergreifst,
Die, sehnlich ausgereckt, dich nicht erreicht.

Tasso.

Du bist es selbst, wie du zum erstenmal
Ein heil'ger Engel, mir entgegen kamst!
Verzeih dem trüben Blick des Sterblichen,
Wenn er auf Augenblicke dich verkannt.
Er kennt dich wieder! Ganz eröffnet sich
Die Seele, nur dich ewig zu verehren.
Es füllt sich ganz das Herz von Zärtlichkeit —
Sie ist's, sie steht vor mir. Welch ein Gefühl!
Ist es Verirrung, was mich nach dir zieht?
Ist's Raserei? Ist's ein erhöhter Sinn,
Der erst die höchste, reinste Wahrheit faßt?
Ja, es ist das Gefühl, das mich allein
Auf dieser Erde glücklich machen kann,
Das mich allein so elend werden ließ,
Wenn ich ihm widerstand und aus dem Herzen
Es bannen wollte. Diese Leidenschaft
Gedacht' ich zu bekämpfen, stritt und stritt
Mit meinem tiefsten Sinn, zerstörte frech
Mein eignes Selbst, dem du so ganz gehörst —

les consolations! Ne me refuse pas ses conseils! Oh parle, que dois-je faire, pour que ton frère puisse me pardonner; pour que tu veuilles bien me pardonner toi-même; pour que vous puissiez encore me compter avec joie parmi les vôtres? Parle!

LA PRINCESSE. Ce que nous te demandons est très peu de chose, et pourtant il semble que ce soit beaucoup trop. Il faut te livrer toi-même à nous avec amitié. Nous n'exigeons point de toi ce que tu n'es pas; tout ce que nous voulons, c'est que tu sois satisfait de toi-même. Tu nous donnes la joie quand tu l'éprouves, et tu nous affliges quand tu la fuis; et, si tu nous causes aussi de l'impatience, c'est seulement parce que nous voudrions te secourir, et que nous voyons, hélas! tout secours impossible, si tu ne saisis toi-même la main d'un ami, la main qui s'offre avec ardeur et qui ne peut arriver jusqu'à toi.

LE TASSE. Tu es toujours celle qui m'apparut, dès le premier moment, comme un ange sacré. Pardonne au regard troublé du mortel, s'il t'a méconnue quelques instants. Il te reconnaît! Son âme s'ouvre tout entière pour t'adorer toi seule à jamais. Tout mon cœur se remplit de tendresse... C'est elle; elle est devant moi. Quel sentiment!... Est-ce un délire qui m'entraîne vers toi? Est-ce une frénésie, ou un sens plus relevé, qui saisit, pour la première fois, la plus haute, la plus pure vérité? Oui, c'est le sentiment qui seul peut me rendre heureux sur cette terre; qui seul m'a laissé si misérable, quand je lui résistais, et voulais le bannir de mon cœur. Cette passion, je songeais à la combattre; je luttais, et je luttais contre le fond de mon être; je détruisais ma propre nature, à laquelle tu appartiens si complètement.

Prinzessin.
Wenn ich dich, Tasso, länger hören soll,
So mäßige die Gluth, die mich erschreckt.
Tasso.
Beschränkt der Rand des Bechers einen Wein,
Der schäumend wallt und brausend überschwillt?
Mit jedem Wort erhöhest du mein Glück,
Mit jedem Worte glänzt dein Auge heller.
Ich fühle mich im Innersten verändert,
Ich fühle mich von aller Noth entladen,
Frei wie ein Gott, und alles dank' ich dir!
Unsägliche Gewalt, die mich beherrscht,
Entfließet deinen Lippen: ja, du machst
Mich ganz dir eigen. Nichts gehöret mir
Von meinem ganzen Ich mir künftig an.
Es trübt mein Auge sich in Glück und Licht,
Es schwankt mein Sinn. Mich hält der Fuß nicht mehr!
Unwiderstehlich ziehst du mich zu dir,
Und unaufhaltsam bringt mein Herz bir zu.
Du hast mich ganz auf ewig bir gewonnen,
So nimm denn auch mein ganzes Wesen hin!
(Er fällt ihr in die Arme und drückt sie fest an sich.)

Prinzessin (ihn von sich stoßend und hinweg eilend).
Hinweg!

Leonore (die sich schon eine Weile im Grunde sehen lassen, herbeieilend).
Was ist geschehen? Tasso! Tasso!
(Sie geht der Prinzessin nach.)

Tasso (im Begriff, ihnen zu folgen).
O Gott!

Alphons (der sich schon eine Zeit lang mit Antonio genähert).
Er kommt von Sinnen, halt ihn fest.

(Ab.)

LA PRINCESSE. Si tu veux, ô Tasse, que je t'écoute plus longtemps, modère ces transports qui m'effrayent.

LE TASSE. Le bord de la coupe retient-il un vin qui bouillonne et déborde à flots écumants? A chaque parole, tu augmentes mon bonheur; à chaque parole, ton œil brille d'un plus vif éclat. Je me sens transformé au dedans de moi; je me sens délivré de toute souffrance, libre comme un dieu, et c'est à toi que je dois tout. Une puissance ineffable, qui me domine, découle de tes lèvres; oui, tu t'empares de tout mon être. Rien de tout ce que je suis ne m'appartient plus désormais. Mon œil se trouble dans le bonheur et la lumière; mes sens vacillent, mon pied ne me retient plus! Tu m'entraînes par une force irrésistible, et mon cœur me pousse invinciblement vers toi. Tu m'as absolument subjugué pour jamais; eh bien, prends donc aussi tout mon être! (Il saisit la Princesse dans ses bras et la presse contre son sein.)

LA PRINCESSE. (Elle repousse le Tasse et recule avec précipitation.) Loin de moi!

ÉLÉONORE (qui s'est montrée depuis quelques moments dans le fond du théâtre). Qu'est-il arrivé? O Tasse! ô Tasse! (Elle suit la Princesse.)

LE TASSE (sur le point de les suivre). O Dieu!

ALPHONSE (qui s'est approché, avec Antonio, depuis quelques instants). Il perd l'esprit! Arrête-le! (Alphonse s'éloigne.)

Fünfter Auftritt.

Tasso. Antonio.

Antonio.
O stünde jetzt, so wie du immer glaubst,
Daß du von Feinden rings umgeben bist,
Ein Feind bei dir, wie würd' er triumphiren!
Unglücklicher, noch kaum erhol' ich mich!
Wenn ganz was Unerwartetes begegnet,
Wenn unser Blick was Ungeheures sieht,
Steht unser Geist auf eine Weile still,
Wir haben nichts, womit wir das vergleichen.

Tasso (nach einer langen Pause).
Vollende nur dein Amt, ich seh', du bist's!
Ja, du verdienst das fürstliche Vertraun;
Vollende nur dein Amt, und martre mich,
Da mir der Stab gebrochen ist, noch langsam
Zu Tode! Ziehe! Zieh' am Pfeile nur,
Daß ich den Widerhaken grimmig fühle,
Der mich zerfleischt!
Du bist ein theures Werkzeug des Tyrannen;
Sei Kerkermeister, sei der Marterknecht,
Wie wohl, wie eigen steht dir beides an!
(Gegen die Scene.)
Ja, gehe nur, Tyrann! Du konntest dich
Nicht bis zuletzt verstellen, triumphire!
Du hast den Sclaven wohl gekettet, hast
Ihn wohl gespart zu ausgedachten Qualen:
Geh nur, ich hasse dich, ich fühle ganz
Den Abscheu, den die Uebermacht erregt,
Die frevelhaft und ungerecht ergreift.
(Nach einer Pause.)
So seh' ich mich am Ende denn verbannt,
Verstoßen und verbannt als Bettler hier!
So hat man mich bekränzt, um mich geschmückt
Als Opferthier vor den Altar zu führen!

SCÈNE V.

ANTONIO, LE TASSE.

ANTONIO. Ah! si quelqu'un des ennemis dont tu te crois sans cesse environné était maintenant auprès de toi, comme il triompherait! Infortuné! J'en reviens à peine! Si un spectacle tout à fait inattendu se présente à nous; si nos yeux voient quelque chose de monstrueux, notre esprit reste un moment immobile! nous ne savons à quoi comparer ce que nous voyons.

LE TASSE (après une longue pause). Remplis ton office! Je vois qu'il t'est réservé... Oui, tu mérites la confiance du prince... Remplis donc ton office, et, puisque le bâton est brisé pour moi, torture-moi lentement jusqu'à la mort. Arrache, arrache le trait, afin que je sente douloureusement la pointe recourbée qui me déchire! Tu es un précieux instrument du tyran : sois le chef des geôliers, sois le valet du bourreau! Comme l'un et l'autre emploi te vont bien! comme ils t'appartiennent! (Il s'avance vers la rampe.) Va, va, tyran! Tu n'as pu feindre jusqu'au bout : triomphe! Tu as bien enchaîné ton esclave; tu l'as bien réservé pour des tourments médités. Va! Je te hais, je sens toute l'horreur qu'inspire la force, quand elle se montre injuste et violente. (Après une pause.) Je me vois donc enfin banni, rejeté et banni comme un mendiant! On m'a donc couronné pour me conduire à l'autel, paré comme une victime! On m'a donc, au

So lockte man mir noch am letzten Tage
Mein einzig Eigenthum, mir mein Gedicht
Mit glatten Worten ab und hielt es fest!
Mein einzig Gut ist nun in euren Händen,
Das mich an jedem Ort empfohlen hätte,
Das mir noch blieb, vom Hunger mich zu retten!
Jetzt seh' ich wohl, warum ich feiern soll.
Es ist Verschwörung, und du bist das Haupt.
Damit mein Lied nur nicht vollkommner werde,
Daß nur mein Name sich nicht mehr verbreite,
Daß meine Neider tausend Schwächen finden,
Daß man am Ende meiner gar vergesse:
Drum soll ich mich zum Müßiggang gewöhnen,
Drum soll ich mich und meine Sinne schonen!
O werthe Freundschaft, theure Sorglichkeit!
Abscheulich dacht' ich die Verschwörung mir,
Die unsichtbar und rastlos mich umspann,
Allein abscheulicher ist es geworden.
Und du, Sirene! die du mich so zart,
So himmlisch angelockt, ich sehe nun
Dich auf einmal! O Gott, warum so spät!
Allein wir selbst betrügen uns so gern
Und ehren die Verworfnen, die uns ehren.
Die Menschen kennen sich einander nicht;
Nur die Galeerensclaven kennen sich,
Die eng an eine Bank geschmiedet keuchen;
Wo keiner was zu fordern hat und keiner
Was zu verlieren hat, die kennen sich;
Wo jeder sich für einen Schelmen giebt
Und seines Gleichen auch für Schelmen nimmt.
Doch wir verkennen nur die andern höflich,
Damit sie wieder uns verkennen sollen.
Wie lang verdeckte mir dein heilig Bild
Die Buhlerin, die kleine Künste treibt.
Die Maske fällt, Armiden seh' ich nun
Entblößt von allen Reizen — Ja, du bist's!
Von dir hat ahnungsvoll mein Lied gesungen!
Und die verschmitzte kleine Mittlerin!
Wie tief erniedrigt seh' ich sie vor mir!

dernier jour, soustrait mon unique bien, mon poème, par de flatteuses paroles; et on l'a gardé pour jamais! Il est à présent dans vos mains, mon unique trésor, qui m'aurait recommandé en tout lieu; qui me restait encore pour me sauver de la faim. Je vois bien maintenant pourquoi on veut que je me livre au repos. C'est une conjuration et tu en es le chef. Afin que mon poème ne puisse être porté à sa perfection; que mon nom ne se répande pas davantage; que mes envieux trouvent mille endroits faibles; qu'on m'oublie tout à fait : il faut que je m'accoutume à l'oisiveté; il faut que je ménage ma personne et mes facultés. O digne amitié! chère sollicitude! Je me la figurais affreuse, la conjuration, qui, invisiblement et sans relâche, m'enveloppait de ses trames, mais elle s'est montrée plus affreuse encore... Et toi, sirène, qui m'as si tendrement, si délicieusement séduit, je te connais maintenant tout d'un coup! O Dieu, pourquoi si tard?... Mais nous aimons à nous tromper nous-mêmes, et nous honorons les misérables qui nous honorent. Les hommes ne se connaissent point entre eux. Les seuls esclaves des galères se connaissent, qui gémissent, étroitement enchaînés au même banc; aucun n'ayant rien à demander et aucun n'ayant rien à perdre, ils se connaissent; chacun se donnant pour un scélérat, et prenant aussi pour des scélérats ses pareils. Mai nous ne méconnaissons les autres que par politesse, afin qu'il nous méconnaissent à leur tour... Comme ta sainte image me cacha longtemps la coquette, qui met en œuvre ses petits artifices! Le masque tombe : je vois Armide maintenant, dépouillée de tous ses charmes. Oui, c'est toi! c'est toi, que, par divination, mes vers ont chantée! Et la rusée, la petite médiatrice! Que je la vois profondément

Ich höre nun die leisen Tritte rauschen,
Ich kenne nun den Kreis, um den sie schlich.
Euch alle kenn' ich! Sei mir das genug!
Und wenn das Elend alles mir geraubt,
So preis' ich's doch; die Wahrheit lehrt es mich.
Antonio.
Ich höre, Tasso, dich mit Staunen an,
So sehr ich weiß, wie leicht dein rascher Geist
Von einer Gränze zu der andern schwankt.
Besinne dich! Gebiete dieser Wuth!
Du lästerst, du erlaubst dir Wort auf Wort,
Das deinen Schmerzen zu verzeihen ist,
Doch das du selbst dir nie verzeihen kannst.
Tasso.
O sprich mir nicht mit sanfter Lippe zu,
Laß mich kein kluges Wort von dir vernehmen,
Laß mir das dumpfe Glück, damit ich nicht
Mich erst besinne, dann von Sinnen komme.
Ich fühle mir das innerste Gebein
Zerschmettert, und ich leb', um es zu fühlen.
Verzweiflung faßt mit aller Wuth mich an,
Und in der Höllenquall, die mich vernichtet,
Wird Lästrung nur ein leiser Schmerzenslaut.
Ich will hinweg! und wenn du redlich bist,
So zeig' es mir, und laß mich gleich von hinnen.
Antonio.
Ich werde dich in dieser Noth nicht lassen;
Und wenn es dir an Fassung ganz gebricht,
So soll mir's an Geduld gewiß nicht fehlen.
Tasso.
So muß ich mich dir denn gefangen geben?
Ich gebe mich, und so ist es gethan;
Ich widerstehe nicht, so ist mir wohl —
Und laß es dann mich schmerzlich wiederholen,
Wie schön es war, was ich mir selbst verscherzte.
Sie gehn hinweg — O Gott! dort seh' ich schon
Den Staub, der von den Wagen sich erhebt —
Die Reiter sind voraus — Dort fahren sie,
Dort gehn sie hin! Kam ich nicht auch daher?

abaissée devant moi! J'entends maintenant le bruit de ses pas légers; je connais maintenant le cercle autour duquel elle rampait. Je vous connais tous! Que cela me suffise! Et, si l'infortune m'a tout ravi, je l'apprécie encore : elle m'apprend la vérité!

ANTONIO. Je t'écoute, ô Tasse, avec étonnement, quoique je sache avec quelle facilité ton esprit impétueux passe d'un extrême à l'autre. Reviens à toi! Commande à cette fureur! Tu invectives, tu te permets paroles sur paroles, qu'il faut pardonner à ta douleur, mais que tu ne pourras toi-même jamais te pardonner.

LE TASSE. Oh! ne me parle pas d'une voix douce! Ne me fais ouïr de toi aucune parole sage! Laisse-moi ce triste bonheur, afin que je ne retrouve pas ma raison pour la perdre encore. Je me sens déchiré jusqu'à la dernière fibre et je vis pour le sentir. Le désespoir me saisit avec toute sa rage, et, dans le supplice d'enfer qui m'anéantit, l'insulte n'est plus qu'un faible cri de douleur. Je veux partir! Et, si tu es loyal, montre-le-moi, et me laisse sur-le-champ m'éloigner d'ici.

ANTONIO. Je ne te quitterai pas dans cette extrémité; et, si tu manques tout à fait de constance, assurément la patience ne me manquera pas.

LE TASSE. Il faut donc que je me rende à toi prisonnier? Je me rends, et c'en est fait. Je ne résiste pas, et je m'en trouve bien... Et maintenant laisse-moi redire avec douleur combien était beau ce que je me suis moi-même ravi. Ils partent... O Dieu! je vois déjà la poussière qui s'élève des voitures... Les cavaliers les devancent... Ils vont à la ville; ils y courent ! N'en suis-je pas aussi venu? Ils partent; ils sont irrités contre

Sie sind hinweg, sie sind erzürnt auf mich.
O küßt' ich nur noch einmal seine Hand!
O daß ich nur noch Abschied nehmen könnte!
Nur einmal noch zu sagen: O verzeiht!
Nur noch zu hören: Geh, dir ist verziehn!
Allein ich hör' es nicht, ich hör' es nie —
Ich will ja gehn! Laßt mich nur Abschied nehmen,
Nur Abschied nehmen! Gebt, o gebt mir nur
Auf einen Augenblick die Gegenwart
Zurück! Vielleicht genes' ich wieder. Nein,
Ich bin verstoßen, bin verbannt, ich habe
Mich selbst verbannt, ich werde diese Stimme
Nicht mehr vernehmen, diesem Blicke nicht,
Nicht mehr begegnen —

Antonio.

Laß eines Mannes Stimme dich erinnern,
Der neben dir nicht ohne Rührung steht!
Du bist so elend nicht, als wie du glaubst.
Ermanne dich! Du giebst zu viel dir nach.

Tasso.

Und bin ich denn so elend, wie ich scheine?
Bin ich so schwach, wie ich vor dir mich zeige?
Ist alles denn verloren? Hat der Schmerz,
Als schütterte der Boden, das Gebäude
In einen grausen Haufen Schutt verwandelt?
Ist kein Talent mehr übrig, tausendfältig
Mich zu zerstreun, zu unterstützen?
Ist alle Kraft erloschen, die sich sonst
In meinem Busen regte? Bin ich Nichts,
Ganz Nichts geworden?
Nein, es ist alles da, und ich bin nichts;
Ich bin mir selbst entwandt, sie ist es mir!

Antonio.

Und wenn du ganz dich zu verlieren scheinst,
Vergleiche dich! Erkenne, was du bist!

Tasso.

Ja, du erinnerst mich zur rechten Zeit! —
Hilft denn kein Beispiel der Geschichte mehr?
Stellt sich kein edler Mann mir vor die Augen,

moi. Oh! si du moins je baisais encore une fois la main du prince! Oh! si je pouvais du moins prendre congé de lui; lui dire encore une fois : « Oh! pardonnez! » L'entendre dire encore : « Va; je te pardonne. » Mais je ne l'entendrai pas, je ne l'entendrai jamais... Je veux aller!... Laissez-moi seulement leur dire adieu, oui, leur dire adieu! Rendez-moi, rendez-moi, un seul instant, leur présence! Peut-être je guérirai. Non, je suis repoussé, banni; je me suis banni moi-même. Je n'entendrai plus cette voix; je ne rencontrerai plus ce regard...

ANTONIO. Sois docile aux avis d'un homme qui n'est pas sans émotion auprès de toi. Tu n'es pas aussi malheureux que tu crois l'être. Prends courage. Tu te laisses trop accabler.

LE TASSE. Et suis-je donc aussi malheureux que je le semble? suis-je aussi faible que je me montre devant toi? Tout est-il donc perdu? Et, comme si la terre tremblait, la douleur a-t-elle changé l'édifice en un affreux amas de ruines? Ne me reste-t-il aucun talent, qui de mille manières m'amuse et me soutienne? Toute la force qui s'agitait autrefois dans mon sein est-elle évanouie? Suis-je anéanti, complètement anéanti? Non, tout est là... et je ne suis rien!... Je me sens ravi à moi-même; elle m'est ravie!

ANTONIO. Et, quand tu sembles te perdre tout entier, compare-toi à d'autres : reconnais ce que tu es!

LE TASSE. Oui, tu me le rappelles à propos!... Aucun exemple de l'histoire ne viendra-t-il plus à mon secours? Ne s'offre-t-il

Der mehr gelitten, als ich jemals litt,
Damit ich mich mit ihm vergleichend fasse?
Nein, alles ist dahin! — Nur Eines bleibt:
Die Thräne hat uns die Natur verliehen,
Den Schrei des Schmerzens, wenn der Mann zuletzt
Es nicht mehr trägt — Und mir noch über alles —
Sie ließ im Schmerz mir Melodie und Rede,
Die tiefste Fülle meiner Noth zu klagen:
Und wenn der Mensch in seiner Qual verstummt,
Gab mir ein Gott, zu sagen wie ich leide.

Antonio (tritt zu ihm und nimmt ihn bei der Hand).

Tasso.

O edler Mann! Du stehest fest und still,
Ich scheine nur die sturmbewegte Welle.
Allein bedenk', und überhebe nicht
Dich deiner Kraft! Die mächtige Natur,
Die diesen Felsen gründete, hat auch
Der Welle die Beweglichkeit gegeben.
Sie sendet ihren Sturm, die Welle flieht
Und schwankt und schwillt und beugt sich schäumend über.
In dieser Woge spiegelte so schön
Die Sonne sich, es ruhten die Gestirne
An dieser Brust, die zärtlich sich bewegte.
Verschwunden ist der Glanz, entflohn die Ruhe. —
Ich kenne mich in der Gefahr nicht mehr
Und schäme mich nicht mehr, es zu bekennen.
Zerbrochen ist das Steuer, und es kracht
Das Schiff an allen Seiten. Berstend reißt
Der Boden unter meinen Füßen auf!
Ich fasse dich mit beiden Armen an!
So klammert sich der Schiffer endlich noch
Am Felsen fest, an dem er scheitern sollte.

Schluß.

à mes yeux aucun noble caractère, qui ait plus souffert que je ne souffris jamais, afin que je prenne courage, en me comparant à lui ? Non, tout est perdu... Une seule chose me reste. La nature nous a donné les larmes, le cri de la douleur, quand l'homme enfin ne la supporte plus... Elle m'a laissé encore par-dessus tout... elle m'a laissé, dans la douleur, la mélodie et l'éloquence pour déplorer toute la profondeur de ma misère ; et, tandis que l'homme reste muet dans sa souffrance, un Dieu m'a donné de pouvoir dire combien je souffre. (Antonio s'approche de lui et le prend par la main.) Noble Antonio, tu demeures ferme et tranquille ; je ne parais que le flot agité par la tempête : mais réfléchis, et ne triomphe pas de ta force. La puissante nature, qui fonda ce rocher, a donné aussi aux flots leur mobilité ; elle envoie sa tempête : la vague fuit et se balance et s'enfle et se brise par-dessus en écumant. Dans cette vague, le soleil se reflétait si beau ; les étoiles reposaient sur son sein doucement agité. L'éclat a disparu, le repos s'est enfui... Je ne me reconnais plus dans le péril, et ne rougis plus de l'avouer. Le gouvernail est brisé, le navire craque de toutes parts ; le plancher éclate et s'ouvre sous mes pieds ! Je te saisis de mes deux bras ! Ainsi le matelot s'attache encore avec force au rocher contre lequel il devait échouer.

FIN DU TASSE.

PARIS. — IMPRIMERIE EMILE MARTINET, RUE MIGNON, 2.

LIBRAIRIE HACHETTE ET Cie

TRADUCTIONS FRANÇAISES
D'AUTEURS CLASSIQUES ALLEMANDS

Auerbach. *Récits villageois de la Forêt Noire.* Traduction de M. B. Lévy, inspecteur général de l'enseignement des langues vivantes. Sans le texte. 1 vol. petit in-16............

Boecelle. *Le Procès.* Traduction française de M. Boutmy, avec le texte. 1 vol. in-16, broché........... 1 fr.

Chamisso. *Pierre Schlémihl*, traduction sans le texte. 1 vol. petit in-16, broché............ 1 fr.

Gœthe. *Faust*, 1re partie. Traduction de M. Porchat, revue par M. Buchner, sans le texte. 1 vol. petit in-16, broché.. 2 fr.
— *Hermann et Dorothée.* Traduction de M. B. Lévy, avec le texte. 1 vol. in-16, broché........... 1 fr. 50
— *Iphigénie en Tauride.* Traduction de M. B. Lévy, avec le texte. 1 vol. in-16, broché........... 2 fr.
— *Le Tasse.* Traduction de M. Jacques Porchat, avec le texte. 1 vol. in-16, broché............ 2 fr.

Hauff. *Lichtenstein.* Trad. de M. de Suckau. 1 vol. in-16. 1 fr. 25

Krummacher. *Paraboles.* Traduction française de l'abbé Bautain, sans le texte. 1 vol. in-16, broché........... 1 fr. 60

Lessing. *Dramaturgie de Hambourg.* Traduction de M. Desfeuilles, avec le texte. 1 vol. in-16, broché.........
— *Lettres sur la littérature moderne et lettres archéologiques.* Traduction de M. Cotteler, sans le texte. 1 vol. petit in-16. 2 fr. 50
— *Laocoon.* Traduction de M. Courtin, sans le texte. 1 vol. petit in-16, broché............ 2 fr.

Niebuhr. *Histoires tirées des temps héroïques de la Grèce.* Traduction de Mme Koch, avec le texte. 1 vol. in-16, br. 1 fr. 75

Schiller. *Histoire de la guerre de trente ans.* Traduction de M. Ad. Regnier, sans le texte. 1 vol. in-16, broché. 3 fr. 50
— *Guillaume Tell.* Traduction de M. Fix, avec le texte. 1 volume in-16, broché........... 2 fr. 50
— *La Fiancée de Messine.* Traduction de M. Ad. Regnier, avec le texte. 1 vol. in-16, broché...........
— *Marie Stuart.* Traduction de M. Fix, avec le texte. 1 volume in-16, broché........... 4 fr.

Schiller et Gœthe. *Extraits de leur correspondance.* Traduction de M. B. Lévy, sans le texte. 1 vol. petit in-16, br. 3 fr. 50

PARIS. — IMPRIMERIE ÉMILE MARTINET, RUE MIGNON.

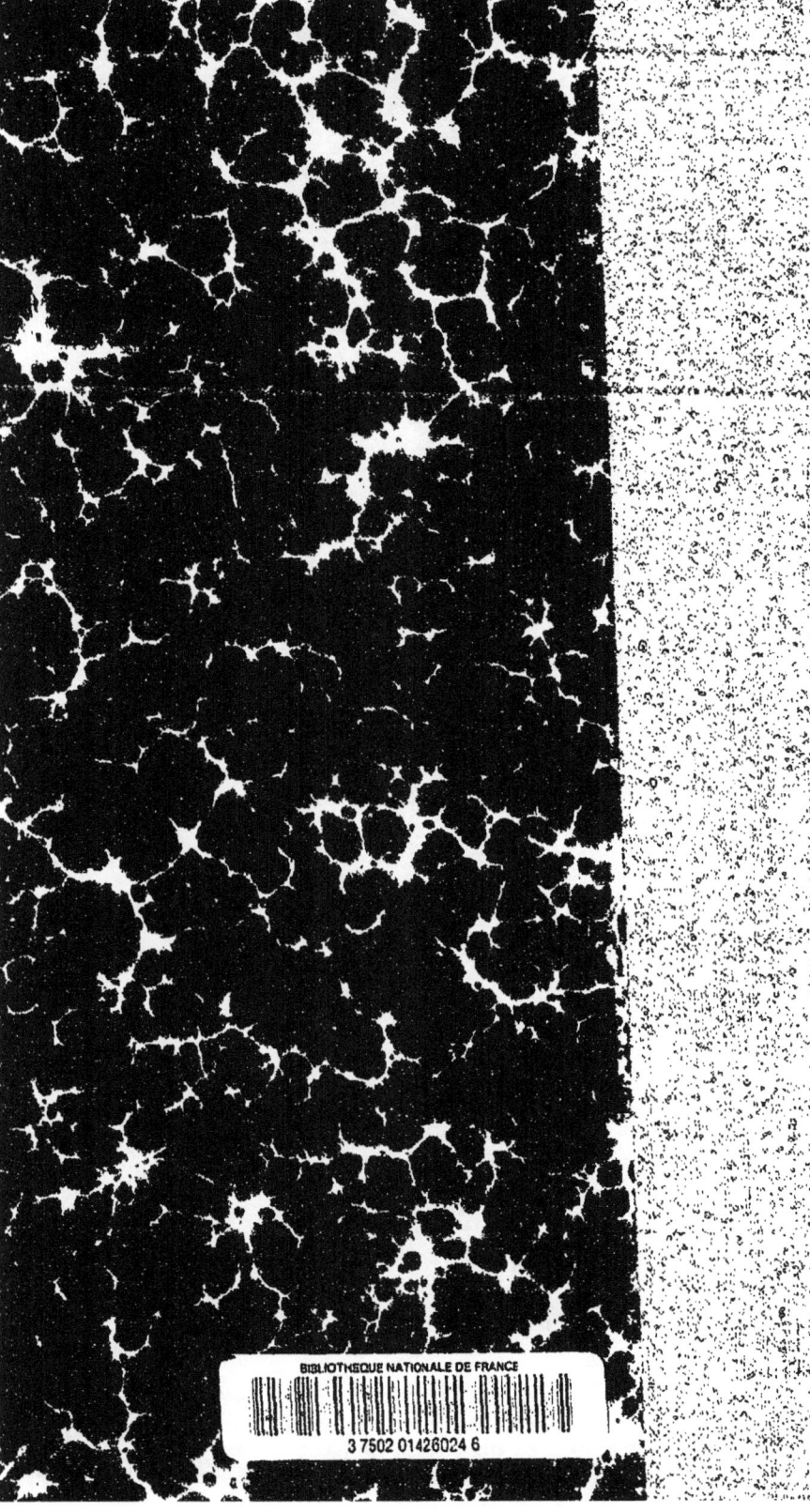

www.ingramcontent.com/pod-product-compliance
Lightning Source LLC
Chambersburg PA
CBHW051913160426
43198CB00012B/1875